조근조근
제주신화

3

일러두기 ───────────────────────────────────

이 책에서는 제주어의 보고인 제주신화의 매력을 느낄 수 있도록 본문의 대사에 가급적
제주어를 살려 쓰려 하였습니다. 지문은 의미 전달을 쉽게 하기 위하여 표준어를 중심으
로 표현하였음을 참고 바랍니다.

조근조근
제주신화3
가믄장아기부터
강림차사까지
우리 신화로 배우는
운명과 도전 이야기

강순희·여연 지음

제주신화연구소 이사장 문무병

제주의 할머니들은 나들이 갈 때, "어디 감수과?" 물으면, "굿 밧디 감져" 하고 대답한다. 밭에 가 일하는 것만큼 굿밭에 가는 일도 중요했던 생활이 느껴진다. 많은 굿밭을 다녀야 했던 할머니들 가운데는 이야기꾼이 있었다.

제주 사람에게 굿은 생활의 일부였다. 두이레 열나흘 보름달이 완성되는 동안 해야 끝나는 제주큰굿에서는 많은 본풀이가 구송된다. '본풀이'는 '신의 본(本)을 푼다'는 신의 이야기, 신화다. 제주큰굿은 많은 본풀이와 제주어를 심방의 구송을 통하여 들려주는 구비문학사전이다. 칠머리당영등굿은 유네스코 세계무형문화유산 대표 목록으로 지정되었고, 제주큰굿은 제주 무형문화재로 지정되었다. 특히 제주큰굿에서 풍부하게 전승되는 '본풀이'라는 제주신화는 세계에 널리 자랑할 만한 문화유산이다.

그러나 아직까지 풍부한 제주신화에 대하여 우리나라에서조차 잘 알려지지 않은 게 현실이기도 하다. 그런 의미에서 제주신화를 널리 알리고 신화 속에 담긴 제주 사람들의 문화를 재조명하고자 꾸준히 연구하고 책으로 엮은 후학들의 노력에 찬사를 보내고 싶다. 이러한 노력의 과정에 조금이나마 도움을 줄 수 있었다면 선학으로서 가슴 뿌듯한 보람이 아닐 수 없다.

『조근조근 제주신화』세 권은 제주에 전승되고 있는 대표적 제주신화 열여섯 편을 오롯이 펼쳐내고 있다. 신화 속에 담긴 제주의 전통문화와 제주 사람들의 삶을 쉬우면서도 깊이 있게 해설하여 청소년뿐만 아니라 제주신화를 처음 접하는 사람들, 그리고 어느 정도 제주신화에 대해 알고 있는 사람에게도 흥미를 줄 수 있을 것이라 여겨진다.

그리스·로마 신화를 바탕으로 다양한 그림과 조각 등 서양예술이 꽃을 피웠듯이 제주신화 또한 다양한 문화예술 활동에 영감을 줄 수 있는 문화의 원형이라 생각한다. 그래서 제주신화를 바탕으로 한 스토리텔링 작업이 꾸준히 이어지기를 바라며 보다 많은 사람들에게 이 책을 권하고 싶다.

이 땅의 청소년들이 그리스·로마 신화만 알고 삼국유사나 제주신화를 모른다면 그건 아주 불행한 일이다. 제주신화는 무한한 상상력과 창의력의 곳간이다. 그래서 제주신화를 재미있고 알기 쉽게 풀어 쓴 이 책이 청소년들에게 꿈과 희망의 날개를 달아줄 것이라 확신한다. ─ 장일홍, 극작가

책을 펼치는 순간, 당신은 아득바득한 현실세계를 훌쩍 벗어나 시나브로 광대무변한 신화세계의 올레 초입에 서게 된다. 하늘에서는 청이슬 흑이슬이 내리고 오색만물이 변화무쌍으로 가득한 미증유의 세계다. 동기닥동기닥 신인동락의 아찔함과 짜릿함이 어귀마다 널브러져 있다. 하여, 책 속에서 길을 잃어도 좋다. 길을 잃어도 결국 길 위에 있을 테니, 부디 책 속에서 만취하고 대취하시라. ─ 김수열, 시인

할머니 무릎을 베개 삼아 옛이야기를 듣던 모습 같은 건 한국인의 삶에서 사라진지 오래, 우리에게도 신기하고 친근한 신들의 세계가 있었음을 조근조근 들려주는 이 책이 반갑다. 그리스 신화나 해리포터, 미야자키 하야오의 애니메이션에 익숙한 세대와 스마트폰과 유튜브 영상이 대세인 시대, 우리 모두에게 제주신화는 '새로운 발견'이 될 것이다. ─ 김영희, 한겨레신문 논설위원

이야기의 원류 제주신화

어린 시절 할머니는 옛이야기를 많이 들려주셨다. 과양생이라는 여자의 악행이 심술궂은 놀부 아내의 행실과 닮았다고 생각하면서 이야기에 빠져들곤 했다. 어여쁜 자청비 이야기를 듣고 녹음 테이프에 담아서 고등학교 문학 시간에 발표했던 기억도 난다. 그리고 시간이 흘러 제주신화 속에서 이제는 들을 수 없는 할머니의 옛이야기가 솟아난 원류를 만나게 되었다. 그러나 이야기의 원류는 메말라가고 점차 잊히고 있었다. 이야기에 관심이 많았던 나 또한 제주신화를 아이들에게 들려주는 일보다는 서양 그림책을 더 흥미롭게 읽어주고, 일본의 애니메이션을 더 많이 보여주었다.

"동네 심방 나무랜다"는 제주 속담이 있다. '동네 무당을 하찮게 여긴다'는 말인데, 이는 가까운 것의 권위를 쉽게 인정하지 않으려는 사람들의 열등감을 반영한 말이다. 아직도 이런 심리는 그리스·로마 신화의 제우스를 추종하거나, 북유럽 신 오딘에 열광하는 모습에서 찾아볼 수 있다. 제주신화를 깊이 있게 만나기 전 내 모습 또한 그러하였다.

그렇다면 이제는 단순하게 '동네 심방부터 만나보자'로 마음을 바꾸어보면 어떨까. 우리나라에는 어떤 신들이 있을까. 그 신들은 어떻게 인간계와 신계를 이어가고 있을까. 누가 가장 힘센 신인가. 또는 누가 가장 아름다운 신인가 등등 무수한 질문을 던질 수 있다. 아, 그런데 답은 쉽게 떠오르지 않는다. 역사의 수레바퀴에 깔린 채 잊히고 있었기에 그 신들의 봉인을 풀어야만 하는 과제가 우리 앞에 놓여 있다.

이때 가장 먼저 만나야 하는 신화가 '제주신화'이다. 우리나라의 신화 중 가장 많은 수집 자료가 있으며, 이야기의 원형과 구조가 체계적으로 이어지고 있기 때문이다.

제주는 본질적으로 닫힌 섬 공간인 데다, 척박한 자연환경에서 살아남기 위한 무속신앙이 생활화되던 곳이며, 17세기 이후 200년간 내려졌던 '출륙금지령' 등이 변화의 파도를 막았던 고립의 세계였다. 20세기에 들면서 나라를 잃고, 자기 정체성을 상실한 후 사람들은 우리 안에 있는 보물을 찾기 시작했고, 이 때 제주의 무속신앙은 사람들의 시선을 끌게 되었다. 일본인 학자들을 비롯하여 황해도 지역의 학자들에게도 큰 관심을 불러일으키며 우리 전통문화의 원형으로 채록 수집되기에 이르렀다.

제주신화는 무속신앙이라는 큰 틀 안에 있다. 무속신앙을 구현함에 있어 교본이 되는 것이 바로 제주신화인 것이다. 원래 신화라는 말은 '본풀이'라 불러왔다. 근대 이후 학자들에 의해 신화라는 말이 보편화되었고, 아직도 제주의 무속에서는 '신의 근본(根本)을 풀어낸다'는 의미로 '본풀이'라는 말을 사용하고 있다. 요컨대, 제주신화는 무속신앙을 구현하기 위한 대본이 되는 것이며, 신앙민에게 쉽게 전달될 수 있는 신들의 이야기책인 것이다. 그것은 신앙민에게는 '생활지침서'로 삶의 등대 같은 역할을 해주었다.

제주신화의 면면을 조근조근 들여다보면, 결혼과 직업 이야기, 사랑과 죽음 이야기, 운명과 변신 이야기 등 참으로 신기하고 친근한 신들의 세계가 그려져 마치 우리 아버지 어머니 얘기 같고, 할머니 할아버지의 삶을 보는 듯하다. 그것이 우리 신화가 지닌 약점이라고 말하는 이도 있으나, 싸움과 전쟁 그리고 경쟁으로 이어지는 서사가 긴장감을 유발하는 서양의 신화와는 사뭇 다른 자연스럽고 아기자기한 재미가 있다. 역사의 수레바퀴가 돌고 돌아 자연친화적이고, 작은 것의 아름다움을 노래하는 시기가 도래한 만큼 우리 신화와의 만남 또한 자연스러운 과정이라 생각된다.

우리나라의 신 중에서 누가 가장 힘센 신인가. 또는 누가 가장 아름다운 신인가. 무수한 질문과 답이 동시에 우리 머릿속에 그려지는 날을 그려본다. 가믄장아기와 강림차사 중 누가 더 똑똑한 신인가. 만약 내게 호법신장을 한 명만 뽑으라고 한다면 나는 누구를 선택할까. 망각의 봉인을 풀고, 이렇게 만나서 신들과 조근조근 이야기를 풀어갔으면 좋겠다. 아기자기하게 시작된 신들의 사랑 이야기, 운명 이야기가 결코 단순하지 않음을 깨닫게 되는 순간, 우리 할머니 할아버지가 생각했던 삶과 죽음, 사랑의 철학과도 만나게 될 것이다. 아니 그 또한 너무 진지할 필요는 없겠다. 그저 이제 만남이 시작되었으니 말이다.

지면을 빌어 제주신화와의 만남을 이루도록 이끌어주신 선학들께 감사드린다. 본풀이는 현용준의 『제주도 신화』와 『무속자료사전』, 그리고 문무병의 『설문대할망의 손가락』과 『두 하늘 이야기』에 실린 채록 자료를 바탕으로 하여 구절을 덧붙이거나 빼는 등의 보완 과정을 거쳤다. 신화를 정리하고 토론하면서 선학들의 노고가 있었기에 우리의 활동이 가능하다는 것을 절감하였다. 이 자리를 빌어서 다시금 존경과 감사의 마음을 전하고 싶다.

끝으로 귀중한 사진자료를 제공해준 전통문화연구소 소장님, 사진작가 김일영 님께 고마운 마음을 전하고 싶다. 또한 제주신화의 매력과 가치를 인정하고 청소년과의 만남을 이어준 지노출판사의 대표님께도 깊은 감사를 드린다.

2018년 10월에

강순희, 여연 김정숙

1장

스스로 운명을 개척한
전상신 가믄장아기

삼공본풀이 주인공 가믄장아기는 전상신이다. '전상'은 '전생前生의 업'을 말하는데, 전생의 업보가 현재 삶에 영향을 미치며 지금 모습이 전상이 되어 후에도 계속 이어진다는 의미로 해석될 수 있다. 삼공본풀이는 이런 '전생 인연을 차지하고 있는 신'인 전상신 가믄장아기에 대해 말한다. 사람들은 가믄장아기의 삶에서 이승에 있을 때 어떻게 업을 지어야 하는지 배우고 느끼게 된다.

삼공본풀이

옛날 옛날에 윗마을에 강이영성이서불이라는 사내 거지가 살았고, 아랫마을에는 홍은소천궁에궁전궁납이라는 여자 거지가 구걸을 하며 살고 있었다. 어느 해에 흉년이 심하게 들어서 두 거지는 더 이상 구걸하기 어렵게 되었다.

어느 날 윗마을의 강이영성은 아랫마을이 그래도 형편이 나아서 구걸하기가 쉽다는 소문을 들었다. 그래서 아랫마을로 떠나가야겠다고 생각했다. 아랫마을의 홍은소천도 윗마을은 그래도 형편이 나아 구걸하기가 괜찮다는 소문을 들었다. 그래서 윗마을로 떠나야겠다고 마음먹었다.

강이영성과 홍은소천은 서로 형편이 괜찮다는 마을로 찾아가 얻어먹기로 하였다. 강이영성은 아랫마을을 향해 길을 나서고 홍은소천은 윗마을을 향해 길을 나섰다.

길가에 구르는 돌멩이도 연분이 있는 법이라, 두 거지는 도중에서 마주치게 되었고 서로 신세타령을 늘어놓다 눈이 맞았다. 둘은 부부가 되어 함께 살기로 했다.

얼마 안 되어 홍은소천에게 태기가 있었다. 그러자 부부의 삶에 희망이라는 것이 생겨났다. 그래서 얻어먹기를 그만두고 남의 집에 품팔이를 나서니 그럭저럭 입에 풀칠은 할 수 있게 되었다.

만삭이 되어 딸아이가 태어났다. 이제 아기도 먹이고 입혀야 하는데 일가친족이 없는 데다 먹을 쌀도 입을 옷도 없는 가난한 부부로서는 어찌해볼 도리가 없었다. 강이영성과 홍은소천은 주저앉아 탄식을 하며 고운 딸아기를 쳐다보았다.

사정을 알게 된 동네 사람들이 거지 부부를 불쌍히 여겼다. 거지를 그만두고 바르게 살아보려고 품팔이를 나서면서 애쓰는 이 부부를 도와줘야 할 것이 아니냐고 서로들 입을 모았다.

동네 사람들은 정성을 들여서 은그릇에 죽을 쑤어다 먹이고, 밥을 해다 먹이며 딸아기를 키워줬다. 부부는 동네 사람들이 은그릇에 밥을 담아다 먹여 키웠다 해서 딸아기 이름을 '은장아기'라 지었다.

이 아이가 두 살이 넘어가자, 부인은 다시 아이를 가졌다. 낳고 보니 또 딸이었다. 이번도 동네 사람들이 거지 부부를 도와주었다. 그러나 처음만큼 성의는 없었다. 이번은 놋그릇에 밥을 해다 주어 아기에게 먹이도록 했다. 그래서 둘째 딸은 '놋장아기'라 이름을 지었다.

다시 셋째 딸이 태어났다. 이번에도 동네 사람들이 도와주었으나 성의는 식어 있었다. 나무바가지에 밥을 해다 주었던 것이다. 그래서 셋째 딸을 '가믄장아기'라고 불렀다.

은장아기·놋장아기·가믄장아기! 세 딸이 태어나 한두 살이 되어가니, 이상하게도 운이 틔어 하는 일마다 척척 들어맞아 갔다. 하루하루 돈이 쌓이니 없던 전답이 생기고 외양간에 마소가 우글대었다.

이제 부부는 고래 등 같은 기와집에 풍경을 달고 살게 되었다. 가믄장아기를 낳고서 잠깐 사이에 천하 거부가 된 것이다. 부부는 상다락·중다락·하다락 돌아가며 별채를 지어놓고, 세 딸의 재롱을 보면서 사는데 가세가 넉넉하니 시절 좋고 태평스러웠다.

세월은 흘러 딸들도 열다섯 살이 넘어갔다. 남부럽지 않은 시절을 보내다 보니 부부에겐 거지생활을 하며 얻어먹던 예전의

일들이 까마득하게 잊혀져갔다. 호강에 겨워서 품팔이하던 그때의 고생이 언제 있었냐는 듯 거들먹거리게 된 것이다.

가랑비가 촉신촉신 내리는 어느 날이었다. 부부는 심심하기 이를 데 없었다. 문득 딸들을 불러 앉혀 재롱이나 보기로 하였다. 먼저 맏딸부터 불러들였다.

"큰딸아기 이레* 오라. 은장아기야, 너는 누게** 덕에 먹고 입고 나다니고 햄시냐?"

은장아기가 방긋 웃으면서 대답했다.

"하늘님도 덕이외다, 지하님도 덕이외다. 아바님도 덕이외다, 어머님도 덕이외다."

부부가 흡족해서 고개를 끄덕였다.

"아이고, 우리 큰뚤애기 기특허다. 먹이고 키운 보람 있저. 어서 느 방으로 가라."

"우리 셋뚤아기* 이레 오라. 놋장아기야, 너는 누게 덕에 먹고 입고 나다니고 햄시냐?"

"하늘님도 덕이외다, 지하님도 덕이외다. 아바님도 덕이외다. 어머님도 덕이외다."

둘째 딸도 기대를 저버리지 않았다.

"우리 셋뚤아기 기특허다. 부모 마음을 영 코삿허게** 허는 것이 효녀로다. 어서 느 방으로 가라."

두 딸이 한결같이 부모 덕을 칭송하니 부부는 마음이 흡족하여 세상을 다 가진 듯했다. 똑똑한 막내딸은 무슨 말을 할까 기대하며 이번엔 가믄장아기를 불렀다.

---

* **이레** 이리로
** **누게** 누구의
* **셋뚤아기** 둘째 딸
** **코삿허게** 기쁘게

"죽은똘애기* 이레 오라. 가믄장아기야, 너는 누게 덕에 먹고 입고 나다니고 햄시냐?"

가믄장아기의 대답은 딴판이었다.

"하늘님도 덕이이다, 지애님도 덕이외다. 아바님도 덕이외다, 어머님도 덕이외다마는, 나 배또롱** 아래 선그뭇**의 덕으로 먹고 입고 나다니고 허는 것이우다."

기대가 크면 실망도 큰 법이라, 부모님의 덕이라고 칭송할 줄 알았는데 잘 먹고 잘 입는 것이 배또롱 아래 선그뭇 덕이라니 부부는 화가 발칵 났다.

"이런 불효막심한 년. 부모 공도 모르는 딸년이 너 말고 누가 이시커냐? 어서 빨리 집에서 나가불라!"

이런 자식은 한시도 집 안에 그냥 둘 수 없다고 호통이 벼락같이 떨어졌다.

가믄장아기는 입던 옷들을 모아놓고, 얼마간의 양식을 검은 암소에 실어 집을 나섰다.

"어머님아 잘 살암십서. 아바님아 잘 살암십서. 이제 가민 언제 다시 뵐 수 이실지 모르쿠다."

가믄장아기가 인사말을 남기고 먼 문밖으로 사라져갔다. 불효막심한 딸자식이기는 하나 내보내고 보니 부모의 마음은 섭섭해졌다. 이대로 가버리면 딸아기 말마따나 언제 볼 수 있을지 모르는 일 아닌가. 그리 생각하니 그냥 앉아 있을 수가 없었다. 가믄장아기를 다시 불러들이기로 했다.

맏딸을 불렀다.

"은장아기야, 어서 나가보라. 설운 딸아기 그냥 보내기 뭐허난 식은 밥에 물이라도 말아 먹엉 가랭 해보라."

맏딸 은장아기는 부모가 가믄장아기를 다시 불러들이려는 속셈을 곧 알았다. 똑똑한 가믄장아기를 다시 불러들이면 부모의 사랑이 거기로 옮겨질 우려도 있고, 장차 재산을 가르는 데에 이로울 것이 하나도 없다는 생각이 들었다. 은장아기 가슴에 시기심이 차올랐다.

은장아기는 문밖으로 내달아 말팡돌** 위에 올라서서는 큰 소리로 외쳤다.

"설운 아시야, 혼저*** 가불라. 아방, 어멍이 너를 때리젠 나왐저."

가믄장아기는 이렇게 외치는 언니의 속셈을 모를 리가 없다. 동생을 걱정하기는커녕 쫓아내려는 속셈이 심히 고약하다고 생각했다.

"설운 큰 성님아, 말팡돌 알로 내려서거든 청주넹이* 몸으로 나 환생헙서."

가믄장아기가 큰언니를 보며 이렇게 중얼거리니, 은장아기가 말팡돌 밑으로 내려서자마자 지네 몸이 되어버렸다. 지네가 된 은장아기는 노둣돌 밑으로 들어갔다.

부부는 큰딸이 가믄장아기를 데리고 들어오는가 한참 기다렸다. 그런데 데리러 나간 은장아기도 어디로 갔는지 소식이 없었다. 안 되겠다 싶어서 서둘러 둘째 딸을 불렀다. 부부는 놋장아기에게 어서 가서 가믄장아기를 불러오라고 했다.

둘째 딸 놋장아기도 시기심이 우러났다. 문밖에 나와 두엄 위에 올라서서는 은장아기와 똑같은 소리를 질렀다.

"가믄장아기야, 어멍 아방이 너 때리러 왐시난 혼저 달아나 불라."

놋장아기의 속셈을 아는 가믄장아기는 둘째 언니의 고약한 심보가 괘씸하여 둘째 언니에게 말했다.

"둘째 형님은 두엄 아래로 내려서거든 버섯 몸으로나 환생헙서."

놋장아기가 두엄 아래로 내려서자, 삽시간에 버섯으로 변해 버렸다. 놋장아기는 알록달록한 버섯이 되어 두엄에 뿌리를 박고 섰다.

부부는 방 안에 마주앉아 한참을 기다렸으나, 데리러 간 놋장아기마저 소식이 없다.

'아이고, 이게 무슨 일이라? 세 딸이 다 소식이 어신 것이 아멩해도** 이상허다.'

순간 불길한 예감이 머리를 스쳤다. 부부는 얼른 나가봐야겠다고 생각하여 누가 먼저랄 것도 없이 문을 밀치며 밖으로 내달았다. 순간 문 위 지방에 눈이 부딪혀 벌렁 나자빠진다는 것이 그만 장님이 되어버렸다.

그날부터 눈 먼 부부는 가만히 앉아서 먹고 입고 쓰게 되었다. 하루하루 세월이 흘러가니 재산은 탕진되고, 강이영성과 홍은소천은 다시 거지로 나서서 빌어먹지 않으면 안 되었다.

한편, 집을 나간 가믄장아기는 검은 암소에 옷과 쌀을 싣고

---

* **청주넹이** 청지네
** **아멩해도** 아무리 해도

정처 없이 길을 걸었다. 이 재 넘고 저 재 넘어, 어렁떠렁 소를 몰며 닥치는 대로 길을 가는 것이었다. 가도 가도 허허벌판인데 해는 벌써 서산에 기울어갔다. 어디 사람 사는 마을에 닿아야 이슬이라도 피할 터인데 집 한 채 보이지 않는 것이다.

한참 걸음을 재촉하며 걷다가 마를 파는 사내를 발견했다. 가믄장아기는 가까이 다가가 물었다.

"어디로 가사 사람 사는 마을이 나옵네까?"

그러자 마 파던 사내는 발칵 화를 냈다.

"계집은 꿈에만 시꾸와도˚ 재수가 어신디. 에이 퉤퉤, 마 모가지처럼 목이나 꺾어져불라."

가믄장아기는 욕설을 무시하고 다시 길을 걸었다. 한참을 걷다 다시 마 파는 사내를 발견했다.

"어디로 가사 사람 사는 마을이 나옵네까?"

가믄장아기의 물음에 둘째 마퉁이도 발칵 화를 냈다.

"계집은 꿈에만 시꾸와도 재수가 어신디. 에이 휙 하니 마 모가지처럼 꺾어져불라."

역시 고약한 욕설을 무시하고 다시 걷는데 세 번째로 마를 파는 사내를 보았다. 가믄장아기가 가까이 가서 셋째 마퉁이에게 마을에 가려면 어디로 가야 하는지를 물었다. 그러자 셋째 마퉁이는 마 파는 데 열중하면서도 친절하게 길을 가르쳐주었다.

"요 재 넘곡 저 재 넘엉 가다 보민 비조리 초막**에 청태산마 고할망 사는 데가 잇수다. 거기로 가봅서."

"고맙수다."

셋째 마퉁이가 알려준 길로 한참을 가다 보니, 다 쓰러져가는 초가가 하나 멀리 보였다. 저녁놀을 뒤로 받으며 그 집으로 들어갔다. 집에는 머리가 허연 할머니와 할아버지만이 있었다.

가믄장아기는 소를 매어놓고 말했다.

"지나가는 행인이우다. 날이 저무난 더 갈 수가 엇수다. 하룻밤 머물당 가게 해줍서."

할머니와 할아버지는 난처한 표정을 지었다.

"우리 집엔 아들이 삼형제나 이서부난 누워 잘 방이 어수다. 허, 딱한 일이여."

가믄장아기는 사정을 하였다.

"경허믄 정지*라도 좋으난, 하룻밤만 머물당 가게 해주십서."

두 노인네가 부엌에 머무는 거야 괜찮다고 해서 겨우 허락이 되었다.

---

* **시꾸와도** (꿈에)나와도, (꿈을)꾸어도
** **비조리 초막** 아주 작은 초가집
*** **정지** 부엌

부엌에 들어가 조금 앉았더니, 바깥에서 와당탕와당탕 하는 소리가 들려왔다.

"이건 무슨 소리우까?"

"우리 집 큰마퉁이 마 판° 둥굴어오는 소리우다."

알고 보니 이 집은 마퉁이네 집이었다. 아들 삼형제가 마를 파다가 그것으로 구명하여 살아가는 것이다. 곧 큰마퉁이가 마를 담은 망태기를 짊어지고 들어왔다. 큰마퉁이는 부엌 쪽을 힐끗 보더니 고래고래 욕부터 퍼부었다.

"요 우리 어멍 아방, 우린 애쓰게 마 파당 배불게 먹이당 보민, 넘어가는 떼간아이°° 데려당 노념 허염구나°°."

가믄장아기는 못 들은 체했다.

조금 있더니, 다시 바깥에서부터 와당탕와당탕 소리가 들려왔다.

"이건 무슨 소리우까?"

"우리 집의 셋마퉁이 마 판 들어오는 소리우다."

둘째 마퉁이도 부엌을 휘둘러보더니 가믄장아기를 발견하고는 욕을 해댔다.

"늙은 어멍 아방이 우리 삼형제 마 파당 배부르게 먹게 허난 길거리 떼간아일 집에 들영 세간 축냄구나."

역시 모른 체하고 있더니 다시 와당탕와당탕 소리가 들려왔다. 이것은 작은마퉁이가 마를 파서 들어오는 소리라 했다. 작은마퉁이는 들어오면서 한 번 휘둘러보더니 부엌에 사람이 있는 것 같아 물었다.

"어머님 아버님, 정지에 손님이 이신 것 닮수다. 누게우꽈?"

"길 넘어가는 사람이 날이 저물었댄 허멍 하루 묵어가게 해 달랜 허연 정지에라도 들게 허였저."

셋째 마퉁이가 허우덩싹 웃으면서 말했다.

"하, 이거 우리 집에 난데없이 검은 암쇠영, 사람이영, 모두 들어오란 지꺼지다**. 이거 어느 하늘에서 우릴 도와주젠 허는 일이 아닌가?"

가믄장아기는 부엌 구석에 앉아 세 형제의 행동을 곁눈으로 살폈다. 세 형제는 각각 파 가지고 온 마를 삶아 저녁밥을 차렸다.

먼저 큰마퉁이가 마를 삶았다.

"어멍 아방은 먼저 난 하영*** 먹어시메 마 모가지나 먹읍서."

• **판** 파서
•• **떼간아이** 계집아이
• **노념 후염구나 빈둥거리며 놀고 있구나
• **지꺼지다 마음속으로 은근히 기뻐하다
•• **하영 많이

마를 꺼내어 모가지 쪽으로 몇 개 뚝뚝 꺾어 부모에게 넘기고, 자기는 살이 많은 잔등이 쪽을 우막우막 먹었다. 그러고는 생색내듯이 꼬리는 끊어 손님에게 주는 것이다.

조금 있더니 둘째 마퉁이가 마를 삶았다. 그도 또한 다르지 않았다.

"어멍 아방은 오래 살멍 하영 먹어시난 꼬리 쪽으로나 먹읍서"

둘째 마퉁이 역시 꼬리를 몇 개 끊어 부모에게 넘기고, 대가리 쪽은 생색내면서 손님에게 주었다. 그러고는 살이 많은 잔등이 쪽은 자기가 우막우막 먹는 것이었다.

다음에는 작은마퉁이가 나섰다. 작은마퉁이는 마를 삶더니 상에 올려놓고 부모님께 드렸다.

"설운 어머님, 아바님. 우리덜 낳아 키우젠 허난 얼매나 공이 들곡, 이제 살민 몇 핼 더 살거꽈? 경허난 여기 맛 좋은 걸로 하영 먹읍서."

셋째 마퉁이는 양쪽 끝을 꺾어두고 살이 많은 잔등이 부분을 부모에게 드리는 것이다. 가믄장아기는 세 아들을 보며 중얼거렸다.

'이 집에 쓸 만한 사람은 작은마퉁이밖에 어신 거 닮다.'

세 아들이 마를 다 삶고 나니, 가믄장아기는 솥을 빌어 저녁을 지어 먹기로 했다. 솥은 마만 자꾸 삶았던 것이라 마 껍질이 잔뜩 눌어붙어 있었다. 가믄장아기는 수세미를 가지고 깨끗이 씻은 후 나락을 씻어 놓아 밥을 했다.

"문전 모른 공소 시멍, 주인 모른 나그네 이시쿠과."*

하룻밤 묵게 해준 은혜를 갚고자 기름이 번질번질한 쌀밥을
떠서 한 상 차리고, 우선 할머니 할아버지에게 들어갔다. 쌀밥
을 본 할머니 할아버지는 조상대에도 아니 먹었던 것이라고 말
하면서 고개를 돌렸다.

가믄장아기는 큰마퉁이에게 상을 들여갔다. 큰마퉁이는 쌀밥
을 보더니 도리어 화를 냈다.

"조상대에도 아니 먹었던 허영헌** 밥 아니 먹으키여."

밥상을 본 둘째 마퉁이도 화를 내면서 물리치기는 마찬가지
였다.

가믄장아기는 마지막으로 작은마퉁이에게 밥상을 들여갔다.
작은마퉁이는 서른여덟 잇바디를 드러내고 허우덩싹*** 웃으면
서 우막우막 밥을 떠먹어 가는 것이었다.

---

* **문전 모른 공소 시멍, 주인 모른 나그네 이시쿠과** 문전신 모르는 집안일이 있으며, 주인
이 허락하지 않은 나그네가 있겠는가? : 제주에서는 집 안을 지키는 신 중에서 출입문을
지키는 문전신(門前神)을 가장 중요하게 생각한다. 집 안의 모든 일을 관장하기 때문이다.
공소 공사(公事), 여기서는 집안일. **시멍** 있으며. **이시쿠과** 있겠습니까
** **허영헌** 하얀
*** **허우덩싹** 몹시 기뻐서 어쩔 줄 몰라 입을 크게 벌리고 소리 없이 웃는 모양

큰마퉁이와 둘째 마퉁이가 창구멍으로 동생이 밥 먹는 것을 훔쳐보는데 여간 맛이 있어 뵈는 것이 아니었다.

둘은 침을 삼키면서 말했다.

"설운 아시야, 우리도 한 숟가락 도라."

"자십사고 할 땐 말았다그네 이제완 무사 먹젠 햄수과?"

이렇게 나무라면서, 한가운데 더운밥을 떠서 형들의 손바닥에 놓아주었다. 형들은 뜨거워서 푸푸 불면서 할쭉할쭉 핥아 먹었다.

저녁이 끝나고 모두들 잠자리에 들게 되었다. 가믄장아기는 혼자 자는 것이 섭섭했다. 그래서 할머니 할아버지에게 말했다.

"나하고 발 막망 누울 아들이나 하나 보내십서."

할머니 할아버지는 큰마퉁이더러 가라고 했다. 큰마퉁이는 성질을 내면서 돌아누웠다. 둘째 마퉁이더러 가라고 해도 마찬가지였다. 하는 수 없어 작은마퉁이더러 가라고 하니, 작은마퉁이는 기뻐하면서 들어가는 것이었다.

둘이는 꽃을 본 나비라 백년가약이 맺어졌다. 가믄장아기는 작은마퉁이를 목욕시키고, 새 옷을 갈아 입혀 갓·망건을 씌워 놓으니 절세미남이 분명했다.

이튿날 아침엔 작은마퉁이가 새 옷차림으로 마당에 나서니, 큰형이 꾸뻑하고 절을 하는 것이었다.

"성님, 나 셋째우다. 무사 나한테 절을 햄수과?"

"아이고 나 몰랐져."

둘째 형도 절을 꾸뻑 하며 동생을 몰라봤다.

"성님, 나 몰라보쿠과? 셋째우다."

둘째 마퉁이도 놀라 입을 헤 벌리고는 다물지 못했다.

가믄장아기는 낭군더러 마 파던 데에 구경이나 가자고 했다. 둘이는 다정하게 손을 잡고 마 파던 들판으로 구경을 나갔다.

큰마퉁이가 마를 파던 구덩이를 먼저 보았다. 거기에 누릇누릇한 것이 있어서 무엇인가 하여 쥐어보니 똥만 물락물락 쥐어졌다. 둘째 마퉁이가 마 파던 구덩이를 가보았다. 무엇인가 길쭉길쭉한 것들이 꿈틀거리고 있었다. 가만히 보니 지네며 뱀 같은 것들만 우글거리고 있었다.

마지막으로 작은마퉁이가 마 파던 데를 가보았다. 자갈이라 해서 던져버린 것을 주워서 싹 쓸어보니, 번쩍번쩍하는 것이 분명 금덩이요 은덩이가 틀림없었다. 둘은 검은 암소에 금덩이 은덩이를 가득 실어 집에 가니, 저절로 마소가 나오고 전답이 나와 일시에 거부가 되어갔다. 그래서 처마 높은 기와집에 풍경을 달고 와라치라하며 잘 살게 되었다.

살림이 좋아지면서 가믄장아기는 부모 생각이 간절했다. 자

기가 집을 나오자 부모는 장님이 되고 거지가 되어, 이 집 저 집
을 돌면서 얻어먹고 있으리라는 것을 잘 알고 있었다. 이제는
거지로 살고 있는 부모를 찾아봐야겠다고 마음을 정했다.

　하루는 남편에게 사실을 털어놓고 의논했다. 가믄장아기가
거지 잔치를 벌이겠다고 하자 남편은 좋은 생각이라고 나서서
준비해주었다. 부모가 거지가 되었다면 거지 잔치를 석 달 열흘
백일간만 열고 있으면 틀림없이 찾아올 것이라, 백일 동안 거지

잔치를 열기로 했다.

잔치가 시작되었다. 소문에 소문이 퍼져 날이 갈수록 모여드는 거지의 수는 늘어갔다. 가믄장아기는 거지 잔치를 벌이며 들어오는 거지마다 똑똑히 살폈다. 그러나 한 달이 흘러도 두 달이 흘러도 어머니 아버지는 보이지 않았다. 또 무슨 일이 벌어졌을지도 모른다는 생각에 마음이 적이 초조해졌다. 석 달 열흘 백일이 되었다. 잔치를 마무리 짓는 날이었다. 아침부터 거지들이 얻어먹으러 모여드는데 아직도 부모님은 보이지 않았다.

날이 거의 저물 무렵이 되어 저만치서 눈에 익은 거지가 보였다. 할머니 거지와 할아버지 거지가 막대기 하나를 같이 짚고 더듬더듬 들어오는 것이다. 가믄장아기는 순간 줌착* 놀랐지만 곧 예사 표정으로 돌아갔다.

가믄장아기는 심부름꾼들을 불러서 조용히 지시했다.

"저 거지는 위쪽에 앚앙* 얻어먹젠 허믄, 아래쪽부터 음식을 차리다가 끝내버리고, 아래쪽으로 앚앙 얻어먹젠 허믄 위쪽부터 음식을 대접허당 끝내버리고, 가운데 쪽에 강 앚으믄 양쪽

---

* **줌착** 깜짝
** **앚앙** 앉아서

끝에서부터 먹여 오당 끝내버리도록 허라."

부부 봉사 거지는 먼저 얻어먹으려고 위쪽으로 가서 자리를 잡았다. 그릇 소리는 달각달각 나지만 자기 차례까지는 돌아오지 않았다. 그래서 아래쪽으로 자리를 옮겨보고, 가운데 쪽으로 자리를 옮겨봐도 역시 마찬가지였다. 이리저리 자리를 옮기다 보니, 어느덧 날이 저물어 거지 잔치도 끝나버렸다.

"아이고, 거지 잔치도 복이 이서사 얻어먹는 모양이여. 딸자식 하나 못 지켜신디 무슨 복이 이시커라."

부부 거지는 탄식하며 그냥 나가려고 일어섰다.

모든 거지가 다 먹고 나가자 가믄장아기는 계집종을 시켜 막 나가려는 부부 거지를 사랑방으로 모셔오게 했다. 통영칠반에 상다리가 부러지도록 잘 차리고 귀한 약주로 대접하니 부부 거지는 영문도 모르고 허웃허웃 먹어댔다.

얼마 있자 가믄장아기가 와서 말을 걸었다.

"옛말이나 풀어내봅서, 듣게."

"들은 옛말도 엇수다."

"게건 들은 말, 본 말이나 해봅서."

"들은 말도 없고 본 말도 엇수다."

"게건 살아난 말이라도 해봅서, 듣저."

"살아난 말은 말할 거 싯수다'. 오늘 오늘이여, 날도 좋아 오늘이여, 옛날 옛적……."

거지는 옛날 이야기하듯 살아온 이야기를 반 노래조로 불러 가는 것이었다. 거지로 얻어먹으러 다니다가 부부가 된 젊은 시절 이야기, 은장아기·놋장아기·가믄장아기를 낳고 일약 거부가 되어 호강한 시절 이야기, 가믄장아기를 내쫓고 봉사가 되어 다시 거지가 된 이야기, 딸들을 그리워하면서 얻어먹으러 다니던 신세타령이 구구절절 노래가 되어 흘러나왔다.

눈물을 흘리며 듣고 있던 가믄장아기는 약주를 잔이 넘치게 부어 들었다.

"이 술 한 잔 드십서. 천년주우다, 만년주우다. 설운 어머님아, 아바님아, 내가 가믄장아기우다. 나 술 한 잔 받읍서."

"무시거? 느가 가믄장아기라고?"

부부는 깜짝 놀라며 받아 든 술잔을 털렁 떨어뜨리는 순간 눈이 펄룽허게** 떠졌다.

---

* **싯수다** 있습니다
** **펄룽허게** 번쩍하고

신화, 펼치기

삼공본풀이는 인간의 뿌리에 관한 이야기다

심방들은 '초공은 신뿌리', '이공은 꽃뿌리', '삼공은 전상뿌리'라고 말한다. 초공본풀이는 신의 뿌리, 즉 심방의 근원을 밝히는 신화이며, 이공본풀이는 꽃의 뿌리, 즉 생명을 관장하는 꽃의 주술력에 관한 신화이며, 삼공본풀이는 전상뿌리, 즉 운명을 관장하는 신에 관한 이야기이다.

삼공본풀이 주인공 가믄장아기는 전상신이다. '전상'은 '전생(前生)의 업'을 말하는데, 전생의 업보가 현재 삶에 영향을 미치며 지금 모습이 전상이 되어 후에도 계속 이어진다는 의미로 해석될 수 있다.

어떤 사람이 자꾸만 도둑질을 한다거나 술에 빠져서 인생을 허비한다면 사람들이 그를 보고 "거 전상이다", "전상 붙어서 저런다"고 말한다. 그리고 누구는 어려서부터 음악에 천재적 재능을 보여 음악가로 활동한다든지 또 누구는 기계를 만지는 기술자가 된다든지, 그리고 어떤 이는 농사짓는 것을 직업으로 삼아 열심히 살아가는 것도 다 '전상' 때문이라 보는 것이다.

삼공본풀이는 이런 '전생 인연을 차지하고 있는 신'인 전상신 가믄장아기에 대해 말한다. 사람들은 가믄장아기의 삶에서 이 승에 있을 때 어떻게 업을 지어야 하는지 배우고 느끼게 된다. 전상신은 단순히 착하게 살아야 한다는 것을 넘어 주체적이고 당당하게 인생을 살아내야 한다는 것을 보여주고 있다. 그로 인해 가믄장아기의 삶은 현재에도 남다른 주목을 받고 있다.

여성으로서 존재를 당당하게 선언한 가믄장아기

윗마을에는 강이영성이서불이라는 남자 거지가 살고, 아랫 마을에는 홍은소천궁에궁전궁납이라는 여자 거지가 살았다. 어느 해 흉년이 들었는데 서로가 다른 마을에는 풍년이라는 소문을 듣고 윗마을에서 아랫마을로, 아랫마을에서 윗마을로 얻어먹으러 가다가 둘이 만나 부부가 되었다.

부부는 세 딸을 낳게 되는데, 딸 이름을 은장아기 · 놋장아기 · 가믄장아기라 짓는다. '가믄'은 '검은'의 제주어이다. 거무튀튀한 나무바가지에 밥을 해다 주었다는 의미에서 '가믄장아기'라 했던 것이다.

거지 부부는 셋째 딸을 얻은 뒤부터 운이 트여 재물이 모이고 기와집에서 떵떵거리며 살 정도로 부자가 되었다. 가믄장아기가 태어나서는 은장아기와 놋장아기 때와는 달리 동네 사람들의 도움이 거의 없었음에도 부자가 된 것이다. 이는 주변의 도움 없이도 생계를 꾸려나갈 수 있게 되었으며, 자립적인 생활 능력을 갖춤으로써 부의 축적이 이루어질 수 있었던 것이라 해석할 수 있다.

사람들은 살아가면서 누군가의 도움을 받아야 할 때도 있지만 남의 도움에만 의존하면 결코 자신만의 재산을 일굴 수 없다. 스스로의 힘으로 벌어먹을 수 있어야만 비로소 재산이 모이고 부자가 될 수 있다는 것을 말하고 있는 대목이라 여겨진다.

부자가 된 부부는 옛날 고생하던 시절은 잊어버리고 괜히 거드름을 피우고 싶어졌다. 그래서 세 딸을 불러 누구 덕에 먹고 입고 사느냐고 물었다. 은장아기와 놋장아기는, "하느님 덕이외다. 지하님 덕이외다. 아버님 어머님 덕이외다"라고 대답하여 부부를 흐뭇하게 했다. 그런데 가믄장아기는 "하느님도 덕이요 지하님도 덕이요 아버님도 어머님도 덕이기도 하지만, 나 배꼽 아래 선그뭇 덕으로 먹고 입고 산다"고 대답했다.

'배꼽 아래 선그뭇'은 '여성의 성기'를 말하는 것이다. 배꼽 아래 선그뭇 덕으로 먹고 입고 행한다고 말하는 것은 '여성'으로서의 삶을 당당하게 내세우는 '선언'이라 할 수 있다. 그리고 여자로 태어난 것이 오히려 복이 되었다는 이야기이기도 하다.

실제 제주에서 딸은 살림 밑천이다. 딸들은 농사일은 물론이고 물질까지 하며 살림을 보태왔다. 그래서 해촌 마을에서는 딸이 있는 집이 부자가 된다는 말이 전해질 정도이다. 결혼을 해서도 여성들은 농사일과 물질을 해서 번 돈으로 오라비나 남편을 공부시키고는 했다. 그래서 "선그뭇 덕에 먹고 입고 행동한다"는 선언은 이러한 현실에 기초한 자신감의 표현이기도 한 것이다.

이러한 상황은 실제 역사 기록에도 나와 있다. 조선 후기 제주 목사 이형상은 『남환박물』에서 "남자아이를 낳으면 곧 고래의 밥이라 말하면서 매우 아끼고 중하게 여기지 않는다. 오직 여자아이를 낳은 뒤에야 기뻐서 말하기를 '이 아이는 마땅히 우리를 봉양할 것이다'라고 하니, 이러한 사정이 슬프다"라고 하였다. 이형상은 숙종·영조 때의 문신으로 제주 목사 시절에는 제주도 지역을 탐방하면서 제주의 자연과 역사, 풍속 등을 자세히 기록한 인물이다.

하지만 강이영성과 홍은소천은 부모님 덕이라고 칭송할 줄 알았는데 자기 덕에 먹고 산다고 하니 발칵 화가 치밀어 올라 집에서 나가라고 불호령을 내렸다. 그러자 가믄장아기는 검은 암소에 얼마간의 옷가지와 쌀을 싣고 집을 나가게 된다. 부부는 가믄장아기가 복덩이임을 깨닫지 못하고 집에서 쫓아냄으로써 굴러들어온 복을 차버린 셈이 되었다.

자신이 저지른 악행은 자신이 받아 안는 업보

부부는 가믄장아기가 집에서 사라지자 섭섭한 마음이 들어 은장아기에게 "식은 밥에 물이라도 말아서 먹고 가라"는 얘기를 전하라고 이른다. 하지만 은장아기는 동생이 돌아오면 재산을 물려받는 데 이로울 것이 없다고 생각하고는 "부모님이 때리러 온다"고 거짓말하면서 어서 가버리라고 소리를 지른다.

큰형님의 속셈을 알고 있는 가믄장아기가, "큰형님은 노둣돌 아래 내려서서 청지네로 환생하십서"라고 말하자 정말 은장아 기는 청지네가 되어 노둣돌 아래로 들어가버렸다.

첫째 딸을 보냈는데도 아무 소식이 없자 부부는 둘째 딸을 불러 가믄장아기를 데려오라고 시킨다. 하지만 놋장아기 역시 동생에 대한 시기심으로 "부모님이 때리러 오니 어서 가버리라" 고 거짓말을 한다. 놋장아기의 고약한 마음을 알고 있는 가믄장 아기는 "둘째 형님은 두엄 아래 버섯으로 환생하라"고 했고 놋 장아기는 두엄에 뿌리를 박은 버섯이 되어버렸다.

고약한 마음으로 동생을 쫓아버리려 했던 은장아기와 놋장 아기가 청지네와 버섯으로 환생하는 모습은 사람이 행한 악행 이 어떤 결과를 가져오는지 생생하게 보여주는 장면이다. 전생 의 업이 지금의 삶을 결정하기도 하지만 지금 내가 저지른 악 행이 나에게 베풀어진 복을 앗아가고 불행에 빠지게 할 수도 있음을 말하는 것이다. 이익을 좇아 죄를 지으면 벌을 주고 재 앙을 내린다는 것을 보여주는 본보기라 할 수 있다.

부부는 놋장아기까지 보냈지만 아무 소식이 없자 불안한 마 음이 들었다. 그래서 얼른 밖으로 뛰어나오다가 윗 문턱에 눈이 부딪혀 장님이 되어버렸다. 자신들의 복이 어디에서 왔는가를 모르고 굴러들어온 복을 내다버린 어리석음이 눈을 멀게 했던 것이다. 여기서 강이영성과 홍은소천이 장님이 되었다는 것은 실제로 눈이 멀었다는 것보다는 세상 이치와 진실을 제대로 깨닫지 못하면 눈이 먼 장님과 같다는 상징적인 의미가 담겨 있는 것이라는 생각이 든다.

둘은 가만히 앉아서 먹고 입고 쓰면서 가산을 탕진하게 되었다. 그러다 보니 얼마 안 있어 다시 거지가 되어버렸다. 자신들에게 들어온 복이 무엇인지도 모르고 차버리니 다시 거지로 돌아간 것이다. 강이영성과 홍은소천은 이전처럼 거지로 떠돌면서 얻어먹고 살기 시작했다.

스스로 선택하며 운명을 개척하는 가믄장아기

가믄장아기가 검은 암소를 끌고 정처 없이 길을 가다가 쓰러져가는 초가를 발견했다. 거기에는 두 노인과 '마'를 캐서 먹고 사는 아들 삼형제가 살고 있었다. 노인들은 가믄장아기가 하룻밤만 재워달라고 부탁하자 아들들 때문에 누워 잘 방이 없다고 했다. 그래서 가믄장아기는 부엌에서라도 잘 수 있게 해달라고 사정해서 겨우 부엌에 들어갈 수 있게 되었다.

아들 삼형제가 마를 캐 가지고 와서 삶아 먹는데, 큰마퉁이와 둘째 마퉁이는 "어머니 아버지는 먼저 나서 많이 먹었으니 마 모가지나 먹읍서"라고 말하면서 머리 부분을 드리고 자신들은 먹기 좋은 잔등이를 먹는다. 그리고 가믄장아기에게는 꼬리를 내어준다. 하지만 셋째 마퉁이는 "어머니 아버지가 우리를 낳아 기르느라 얼마나 고생을 했으며, 살면 얼마나 더 살겠냐"고 말 하며 살이 많은 잔등이를 부모께 드린다. 가믄장아기는 셋째 아 들의 마음 씀씀이가 마음에 들었다.

가믄장아기가 쌀을 씻어 밥을 지어 상을 차리자 할머니 할아 버지는 물론이고 위로 두 아들은 "조상 대대로 아니 먹던 것"이 라며 먹지 않는다. 하지만 셋째 마퉁이는 좋아하며 달게 밥을 먹는다. 부모와 형들은 지금껏 살아왔던 풍습, 마를 파 먹던 생 활 습관에서 한 치도 벗어나지 못하지만 셋째 마퉁이는 새로운 삶의 환경을 거부감 없이 받아들이는 것이다. 이러한 열린 태 도를 가진 셋째 마퉁이가 가믄장아기에게 선택을 받게 되는 것 이다.

가믄장아기가 마퉁이 삼형제에게 "나영 자고 싶으면 오라. 나영 같이 발 막앙 눕게"라고 제안한다. 그러자 예상했던 대로 위로 두 형제는 겁이 나서 뒤로 물러서지만 셋째 아들은 좋아 서 허우덩싹 웃으며 달려들었다. 셋째 아들은 기다렸다는 듯이 가믄장아기를 배우자로 받아들인 것이다. 가믄장아기는 이렇게 먼저 선택하고 제안하여 남자를 받아들인 후 부부가 되는 적극적인 모습을 보여주고 있다.

가믄장아기의 이러한 모습은 가부장제 사회에서 '선택되고 순응하며 사는 여성'들의 삶과는 거리가 멀다. "배꼽 아래 선그뭇 덕에 먹고 산다"는 선언만큼이나 당당하고 주체적인 모습이라 할 수 있다. 그리고 가믄장아기의 제안을 받아들일 수 있는 용기를 지닌 남자 셋째 마퉁이는 하루하루 마를 파서 먹고 사는 불안정한 삶에서 '농사를 지으며 사는 직업인'으로 거듭나게 된다.

전상(직업)의 신 가믄장아기

가믄장아기는 낭군더러 마 파던 데에 구경이나 가자고 한다. 큰마퉁이가 마 파던 구덩이를 먼저 보았다. 거기에 누릇누릇한 것이 있기에, 무엇인가 하여 쥐어보니 똥만 물락물락 쥐어졌다. 둘째 마퉁이가 마 파던 구덩이를 가보았다. 무엇인가 길쭉길쭉한 것들이 있었다. 가만히 보니 지네·뱀 따위 동물만이 우글거리고 있었다. 단순하게 땅을 파서 있으면 줍고, 없으면 또다시 이동하는 원시채집경제에 익숙한 사람들. 한 발자국도 앞으로 나가지 못하는 첫째 마퉁이와 둘째 마퉁이의 모습은 그 당시 생활 습관에 젖은 사람들의 전상을 보여주고 있다.

마지막으로 작은마퉁이가 마 파던 데를 가보았다. 자갈이라 해서 던져버린 것을 주워서 싹싹 쓸어보니, 번쩍번쩍하는 금덩이요, 은덩이였다. 인생의 기회와 변화를 적극적으로 받아들이며 착하고 인정 있게 사는 셋째 아들은 자신의 존재 가치, 전상의 가치를 금덩이 은덩이처럼 높이고 있는 모습이다.

가믄장아기와 셋째 마퉁이는 금덩이와 은덩이를 검은 암소에 실어 집으로 갔다. 그것을 팔아 말과 소를 사고 밭을 사서 농사를 짓기 시작했다. 이제 젊은 부부는 부자가 되어 처마 높은 기와집에 풍경을 달고 살 정도가 되었다.

변화를 적극적으로 받아들인 셋째 아들은 가믄장아기에 의해 그때그때 마를 파서 먹고 살던 가난한 하루살이 삶에서 제대로 농사를 짓고 살면서 재산을 모을 수 있는 직업을 얻게 되었던 것이다. 그래서 가믄장아기신화는 '직업'의 신화이며, 가믄장아기를 '전상(직업)의 신'이라 하는 것이다.

깨달음을 얻었을 때 눈을 뜨게 되는 거지 부부

살림이 좋아지면서 가믄장아기는 부모 생각이 간절했다. 자기가 집을 나오자 부모는 봉사가 되고 거지가 되어, 이 집 저 집을 돌면서 얻어먹고 있으리라는 것을 알고 있는 가믄장아기는 부모를 찾기 위하여 거지 잔치를 석 달 열흘 백일 간 연다.

석 달 열흘 백일이 되고 잔치의 마지막 날이 되었을 때, 가믄장아기가 찾고 있는 부모가 막대기 하나를 같이 짚고 더듬더듬 들어왔다. 아랫사람들에게 시켜서 거지 잔치가 끝날 때까지 음식을 주지 않다가 다른 거지들이 다 돌아가고 난 후에 사랑방으로 모시게 했다. 그리고 통영칠반에 상다리가 부러지도록 차리고 귀한 약주로 잘 대접하도록 하였다. 영문도 모르고 부부 거지는 우선 배가 고프니 허웃허웃 먹어댔다.

얼마 있자 가믄장아기가 와서 살아온 이야기나 해달라고 말을 걸었다. 거지는 옛날이야기하듯 살아온 이야기를 반 노래조로 불렀다. 거지로 얻어먹으러 다니다가 부부가 된 젊은 시절, 은장아기·놋장아기·가믄장아기를 낳고 일약 거부가 되어 호강한 시절, 가믄장아기를 내쫓고 봉사가 되어 다시 거지가 되어 얻어먹으러 헤매는 이야기 등이 구구절절 노래가 되어 흘러나왔다. 눈물을 흘리며 듣고 있던 가믄장아기는 약주를 잔이 넘치게 부어 드리며 자신이 바로 가믄장아기라고 말을 했다. 부부는 깜짝 놀라며 받아 든 술잔을 털렁 떨어뜨리는데 그 순간 눈이 펄릉하게 밝아졌다. 드디어 눈을 뜬 것이다.

강이영성과 홍은소천은 딸이 복을 가져다주었지만 그것을 모르고 내팽개쳤다가 장님이 되었다. 그리고 가믄장아기의 효성과 지혜로 진실을 깨닫게 되면서 눈을 뜨게 된 것이다. 이 이야기를 통해서 무지는 바로 장님으로 사는 것과 같은 것이며 세상 이치와 진실을 제대로 깨달을 때 장님에서 벗어나 눈을 뜨고 밝은 세상을 보게 된다는 것을 알려주고 있다.

삼공본풀이는 전생의 업보를 관장하는 신의 이야기라는 점에서 불교 관념을 바탕에 깔고 있다. 그리고 셋째 딸이 바른 말을 했다가 쫓겨난다는 점에서 리어왕 설화와 유사하며 마를 캐는 남자를 배우자로 선택한다는 점에서 서동 설화와도 비슷하다. 또한 효성으로 부모의 눈을 뜨게 한다는 점에서는 심청 설화와 내용이 겹치기도 한다.

그만큼 가믄장아기신화는 삶의 현실을 생생하게 반영하는 다양한 화소로 이루어진 신앙민의 서사 결정체라 할 수 있겠다. 그러기에 이 이야기는 단순한 권선징악이 아니며, 인생 개척의 선택과 도전에 관해 말해주는 중요한 삶의 교과서라 보아도 될 듯하다.

삼공맞이에서 봉사 부부가 거지 잔치에 등장하는 장면

　이 신화는 큰굿의 한 제차(祭次)인 '삼공본풀이'에서 불린다.
'삼공본풀이'는 제차명(祭次名)임과 동시에 신화명(神話名)이다.
심방(巫)은 제상 앞에 앉아서 장구를 치면서 가믄장아기 이야기
를 풀어낸다. 그리고 '삼공맞이' 제차에서는 위의 신화 내용을
연극적으로 연출한다.

　거지 잔치가 벌어지는 가운데 부부 거지가 등장한다. 거지 부
부가 술상을 받아 앉아 사람들에게 살아온 과정을 이야기하는
장면이 전개된다. 이야기와 연극이 어우러지는 종합적인 연희
가 펼쳐지는 것이다. 그 순간 가믄장아기의 삶과 신앙민의 삶은

하나로 겹쳐지면서 큰 울림을 자아낸다. 생생한 민속극의 재현은 실제처럼 느껴지며 올바른 전상을 만드는 생을 살아내야 한다고 말하는 신의 목소리를 전해 들은 것 같은 감동을 얻게 되는 것이다.

독세기 : 달걀

예시 우리집에 독세기 하영 싯저. → 우리집에 달걀 많이 있어.

꿩독세기 : 꿩알

예시 보리 비당 꿩독세기 봉갓져. → 보리 베다가 꿩알을 주웠어.

모몰 : 메밀

예시 모몰죽에 야게 건다. → 메밀죽이 목에 걸린다.

게역 : 미숫가루

예시 게역 곱져둠서 먹당 동생한티 걸려부런.
→ 미숫가루 숨겨두고 먹다가 동생한테 들켜버렸어.

출레 : 반찬

예시 출레가 막 짠 못 먹으키여. → 반찬이 짜서 잘 못 먹겠네.

콥대산이 : 마늘

예시 콥대산이 하영 심수과? → 마늘 많이 심었어요?

세우리 : 부추

예시 세우리 짐치 해놔시난 가져가라. → 부추 김치 해놓았으니까 가져가라.

곤밥 : 쌀밥

예시 옛날엔 제삿날이나 되어사 곤밥 먹어봣저.
→ 옛날에는 제삿날이 되어야 쌀밥을 먹어보았어.

둠비 : 두부

예시 둠빗물에 메누리가 손 데엇댄 허여라.
→ 두붓물에 며느리가 손 데었다고 하더라.

궤기 : 고기

예시 궤기 구웡 밥 먹게마씸. → 고기 구워서 밥 먹읍시다.

2장

부인 덕으로 살아서 저승에 다녀온 강림이

차사본풀이는 강림차사에 관한 이야기이다. 차사는 염라대왕의 명을 받들어 수명이 다된 사람의 혼을 데리고 가는 저승의 사자다. 염라대왕의 사자인 강림차사에 대한 이야기를 큰굿의 '시왕맞이' 때 심방이 장구를 치면서 장단에 맞추어 구절구절 풀어낸다. 이렇게 강림차사신화를 노래하면서 죽은 이의 혼령을 구박하지 말고 저승까지 고이 데려가 주도록 빈다.

차사본풀이

옛날 옛적 멀고 먼 동쪽 나라 동경국에 버무왕이 살았다. 버무왕 부부는 풍경 소리 울리는 기와집에서 아랫사람들의 시중을 받으면서 풍족하게 사니 남부러울 게 없었다.

자식 복도 좋아 자식을 낳은 것이 아들 형제 일곱이나 되었다. 위로 네 형제는 벌써 장성하여 좋은 배필을 만나 혼인을 하고 잘 살았다. 밑으로 세 아들은 아직 어려 장가를 들지 못했다.

제주 한라산 기슭에는 동개남절이 있었는데, 부처님을 지키는 대사(大師)가 상좌스님 소사와 함께 머무르고 있었다. 대사는 나이 칠십이 지나고 팔십이 가까우니 머리에는 백발이 펄펄

날렸다.

하루는 대사가 주역을 펴놓고 자신의 사주를 보았다. 여든 살이 하늘이 주신 수명이라 내일 모레 사오시(巳午時)가 되면 세상을 하직할 것으로 나타났다.

대사는 소사 중을 불러다놓고 자상하게 일러두었다.

"소사야, 소사야. 나는 벌써 칠십을 넘기고 이제 팔십이 되엇저. 나한티 하늘이 내린 목숨, 정명(定命)이 팔십이니 이승에 이실 날도 며칠 남지 안 헌거 닮다. 나는 모레 사오시가 되면 세상을 하직헐 듯 허난 나가 죽거든, 나무 천 바리를 허여다가 시신을 화장허도록 허여라."

소사는 스승의 마지막 유언을 들으니 가슴이 먹먹하여 입을 열지 못했다.

그런 소사를 보며 대사는 덧붙여 말했다.

"너 혼자서 산중 이 절간 법당을 지켜갈 수 이시커냐? 경허기 어려우난 동경국 땅으로 내려가보라. 동경국의 버무왕한테는 아들 일곱 형제가 싯저*. 위로 네 형제는 사주팔자 좋안 장가들엉 잘 살암주마는 아래로 삼형제는 명(命)이 짧안 열다섯 십오 세를 못 넘길 듯허다. 경허난 이 아이들을 데려당 법당공양을 시키멍 명과 복을 이어주도록 허라."

"예, 그리 하겠습니다."

58

그 말이 있고 얼마 안 있어 대사는 나이 팔십을 다 채우는 날 임종을 하였다.

소사는 스승님이 인간세상에 살아계실 때 말씀하신 대로 나무 천 바리 들여 화장시켜 드리고 나서 금법당에 모셨는데 장례를 치르고 나니 피곤해졌다. 법당 부처님 전에 세 번 절을 올리고 앉아 염불을 하려 하니 무정한 눈에 깜빡 잠이 들었다. 그때 죽어서 저승으로 가던 대사가 홀연히 나타나 야단을 쳤다.

"소사야, 소사야. 내가 살아실 때 헌 말을 벌써 잊어시냐? 새벽닭이 자지반반 울어감쳐. 어서 빨리 동경국 땅 버무왕네 집으로 내려가보라."

번쩍 잠이 깨어 눈을 떠보니 몽롱한 가운데 꿈이었다. 꿈이긴 꿈이나 스승님의 꾸중이 귀에 쟁쟁 울리는 듯해서 가만 앉아 있을 수가 없었다.

소사중은 얼른 채비를 하였다. 대사님이 꿈에 이른 대로 한 귀 누른 굴송낙** 둘러쓰고, 두 귀 누른 비단장삼에 목에는 염주를 걸었다. 소사중은 손에 단주와 금바랑 옥바랑 들어 쥐고서

---

* **싯저** 있다
** **굴송낙** 머리에 쓰는 고깔

동경국 땅으로 소곡소곡 내려갔다.

소사가 동경국으로 내려와 한참을 걸어가는데, 팽나무 그늘 아래서 동경국 버무왕의 아들 삼형제가 손에는 한 줌 가득 붓을 잡고, 가슴에는 안음 가득 책을 안고 삼천선비들과 함께 있었다.

소사는 멈춰 서서 버무왕 아들들에게 말을 걸었다.

"애들아. 너희들은 동경국 버무왕의 밑으로 아들 삼형제가 아니냐?"

"예, 그렇습니다."

"설운 아기들아. 너희들은 글을 잘 허민 무얼 허고 활을 잘 쏘민 무얼 허겠느냐. 너희들은 명이 단단 짧으난 십오 세가 되민 이 세상을 하직할 듯허구나."

그렇게 말을 하고 소사는 소곡소곡 그 자리를 떴다. 동경국 버무왕의 아들 삼형제는 충격을 받아 멍하니 서 있다가 비새같이 눈물을 뿌리면서 집으로 달려갔다.

집으로 뛰어 들어온 삼형제는 어머니 아버지를 찾아 따져 물었다.

"어머니. 아버지. 우리도 다른 아이들처럼 명이나 길게 낳아 줄 거 아니우꽈? 무사* 우리 삼형제 명과 복을 짧게 낳아수과?"

삼형제가 울면서 말을 하니 버무왕이 놀라 물었다.

"설운 아기들아. 그게 무슨 말이고? 어느 누가 그런 흉한 말을 허여시냐?"

"아이고, 어머니 아버지. 그런 게 아니우다. 우리가 폭낭** 그늘서 놀고 이신디, 어떤 소사중이 넘어가단 우릴 보고 십오 세가 정명이라 곧 죽을 운명이랜 굴아줍디다●."

부부가 혼비백산 놀라서 급히 아랫사람을 불렀다.

"아이고, 그게 무슨 말이고? 느진덕이 정하님아. 저 멀리 올레에 나가보라. 어떤 대사님이 계시거나, 어떤 소사중이 이시믄 우리 집으로 어서 청해 데령오라. 혼저●●!"

느진덕이 정하님이 느린 성품에도 허위허위 치맛자락 휘날리며 부지런히 뛰어 밭두렁에 나가보니, 소사가 벌써 밭두렁을 빙빙 돌아 나가고 있었다.

"아이고, 소사님. 소사님. 우리 집안 상전님이 청하셤수다. 나영 같이 가게 마씸."

● **무사** 왜
●● **폭낭** 팽나무. 나무를 제주어로 '낭'이라 한다.
● **굴아줍디다** 말해주었습니다
●● **혼저** 빨리. 어서

느진덕 정하님의 외침에 소사중은 걸음을 멈추고 뒤돌아보았다.

"어서 걸랑 그리 허자."

소사중은 느진덕이 정하님이 이끄는 대로 버무왕의 집으로 따라갔다.

느진덕이 정하님이 소사를 집 안으로 모셔오는데, 소사중이 대문 안으로 들어서며 휘휘 둘러보더니 버무왕을 발견하고는 허리 굽혀 인사를 올렸다.

"이 집 어르신께 소승이 뵙습니다."

안부인이 허둥지둥 버선발로 나서서 소사를 맞았다.

"어느 절 대사우꽈. 어느 절간 소사우꽈?"

"예, 나는 동개남 상좌절을 지키는 소사가 됩수다."

"동개남 소사께서 어쩐 일로 인간 땅에 내리셧수과?"

"예. 제가 인간 땅에 내린 것은 우리 절도 낡아지난, 인간세상에 내려와 시주를 받아당 헌 당 헌 절을 수리허젠 햄수다."

"경허민 우리 집 시주도 받앙 갑서."

안부인이 느진덕이 정하님에게 쌀을 퍼오라 이르고는 자루에 부어주었다.

쌀을 다 받은 소사가 자루를 등에 지고 문밖으로 나가려 하니 버무왕이 불러 세웠다.

"소사님아. 소사님아. 어떵 남의 쌀을 공으로 먹젠 햄수과. 단수육갑(單數六甲)이나 한번 짚어봅서. 오행팔괘(五行八卦)나 한번 짚어봅서."

"걸랑 어서 그럽시다."

다시 마당으로 들어와 단수육갑 오행팔괘를 짚어보던 소사가 말했다.

"예, 이 집에는 복이 많안 아들 일곱 성제*를 거두어신게 마씸. 경헌디 위로 네 성제는 사주팔자가 좋안 장가들어 잘 살암주마는 밑으로 세 성제는 명과 복이 짧안 십오 세를 못 넘길 듯허우다."

버무왕이 펄쩍 뛰면서 소사중을 붙잡았다.

"소사님, 소사님. 죽을 점은 칠 줄 알고, 살릴 점은 못 칩니까? 우리 아이들은 어떵허믄 열다섯 십오 세를 넘겨 명과 복을 이을 수 이실지** 봐줍서."

그러자 소사는 준비해온 이야기를 슬그머니 꺼내었다.

• **성제** 형제
•• **이실지** 있을 것인지

"이을 방법이 잇수다. 이 아이들 삼형제를 우리 법당에 왕 부처님 전에 공양을 올리멍 수행을 시키십서. 경허믄 명을 이을 수 잇수다. 경허난 우리 절간 법당에 보내십서. 우리 절간 안에서 연 삼 년 법당 공양허멍 열다섯만 넘기민 명과 복을 이을 수 이실 거우다."

"소사님, 소사님. 우리 아이들 명만 이을 수 잇댄 허믄 그런 일은 어려운 일이 아니우다. 소사님, 그리 말고 굴송낙도 한 번 빌려줍서. 굴장삼도 벗엉 좀 빌려줍서. 우리 아래로 삼형제 큰놈부터 차례대로 굴송낙을 씌우고 굴장삼을 입형 저 마당에 걸음을 걸려봐서 소사 차림이 어울리면 절간 법당으로 바로 보내드리쿠다."

버무왕은 아들 삼형제를 불러다가 머리를 박박 깎았다. 그러자 소사님은 굴송낙도 벗어서 내어주고 굴장삼도 벗어서 내어줬다.

버무왕이 소사가 내어준 것을 씌우고 입히면서 아들들에게 말했다.

"아기들아, 차례대로 저기까지 걸음을 걸어보라."

삼형제가 의젓하게 걸어 나가는데 앞에서 보나 뒤에서 보나 소사중 행장이 그럴 듯했다.

그걸 보고 안부인이 말했다.

"소사님. 소사님은 먼저 올라가십서. 뒤따라 우리 아이들도 곧 보내드리쿠다."

이 말을 듣고 소사중은 고개를 끄덕이며 버무왕의 집을 나왔다.

소사가 가는 것을 보고 나서 안부인이 아이들에게 말했다.

"설운 아기들아. 너희들이 어찌 죽음과 맞설 수가 이시커냐. 그대로 여기 이시믄 십오 세를 못 넘길 듯허니, 절간 법당에 가 어떻게든 열다섯 십오 세만 넘겨보라. 경허믄 부처님이 너희들 명과 복을 이어준댄 햄져. 알아시냐? 절간에 강 삼 년만 살앙 오라."

삼형제는 수명이 길어진다는 말에 선뜻 수긍을 하였다.

"어서 게건 그리 허십서."

아이들이 집을 떠나려 하니 부인은 섭섭한 마음에 은그릇 놋 그릇을 내어주려 하다가 이걸 등에 지고 다니려면 무거워서 멀고 먼 길 가는데 짐이 될 듯했다. 그래서 비단을 삼삼은 구 아홉 필을 내어주면서 말했다.

"설운 아기들아. 이 비단을 등에 지고 가라. 난 데 없이 어느 길에서라도 시장기가 몹시 나거들랑 사람 사는 곳이민 찾아강 식은 밥이라도 얻어먹고 대신 이 비단 아홉 치씩만 끊어주라."

삼형제는 비단을 지고서 비새같이 울었다.

"아버지, 어머니. 잘 살암십서."

하직인사 올리고 삼형제는 울면서 올레 바깥에 나와 소곡소곡 한라산 기슭 동관음절로 길을 떠났다.

절간 문밖 올레에 다가가니 절간에 매어 있던 늬눈이반둥개*가 드리쿵쿵 내쿵쿵 짖어댔다. 삼형제가 겁이 나서 더 이상 나아가지도 못하고 문밖에 앉아 훌쩍훌쩍 울기만 했다.

소사중이 개 짖는 소리에 문밖에 나가보니 거기에는 동경국 땅 버무왕 아들 삼형제가 쪼그리고 앉아 눈물을 닥닥 흘리면서 울고 있었다.

"설운 아기들아, 이제 다 와시난 울음 그치고 어서 안으로 들어가자."

소사는 삼형제를 절간으로 데리고 들어가 상탕에 가서 메를 짓고, 중탕에 가서 손과 발을 씻기고, 하탕에 가서 몸 목욕을 시켰다. 그러고는 부처님 전에 데리고 들어가 부처님께 절 삼 배를 올리도록 했다.

절간 안에서 하루 이틀, 한 달 두 달 살다 보니 어느덧 따뜻한 봄철이 되었다. 삼형제가 무심코 저 산천을 바라보니, 잎은 돋아 청산이 되고, 꽃은 피어 화산이 되어 알록달록 제 몸 자랑을 하고 있었다.

삼형제가 가만히 생각에 잠겼다가 소사께 물었다.

"소사님, 소사님. 저희들 오늘은 저 산중에 올라가 바람 쏘일 겸 꽃구경이나 허멍 산보 다녀오민 안 되카마씸?"

"설운 아기들아. 안 될 것 없다. 경허믄 어서 어서 꽃구경 뎅겨오라**."

삼형제는 스승님 허락을 맡고 절간 바깥에 나가게 되었다. 절간 법당을 나와 뒷산 산자락에 올라가보니 꽃구경도 좋았고 잎구경도 좋았다. 이 산 저 산 구경 좋아 산자락을 누비다가 높은 동산으로 우뚝하게 올라서서 하늘 위로 바라보니 검은 구름이 둥굴둥굴 떠오르고 있었다.

가만히 구름을 바라보고 있노라니 갑자기 아버님도 보고 싶고 어머님도 보고 싶었다.

"아이고, 저 구름은 하늘 위로 떠서 이리저리 다니당 동경국 땅을 지나키여. 우리는 아버님 어머님 살아 이별허연 얼굴도 못 보

---

* **늬눈이반둥개** 눈에 점이 박혀 네 눈으로 보이는 제주산 토종 사냥개
** **뎅겨오라** 다녀오너라

는 신세인디 자유롭게 여기저기 떠다니는 저 구름이 부럽구나!"

이런저런 생각을 하니 신세가 처량하여 삼형제는 산중에서 나올 생각도 안 하고 엉엉 울기 시작했다.

소사가 절간 법당에 앉아 있는데 갑자기 잠이 쏟아져 깜박 눈을 감았다. 그러자 대사님이 꿈에 나타나 꾸짖었다.

"소사야, 소사야. 누가 저 아기들을 산꼭대기에 구경 보내랜 허여시냐? 이 아기들 돌아오민, 난데없이 아버님 어머님 보고 싶언 고향에 가켄 헐 거여. 경허난 아멩* 졸라도 절대로 보내믄 안 된다. 알아시냐?"

퍼뜩 깨어보니 몽롱한 가운데 꿈이었다. 스승님의 목소리가 귀에 쟁쟁하니 자신의 실수를 깨달았다. 돌아앉아 궁리하고 있는데 삼형제가 비새같이 울면서 들어왔다.

"아이고, 소사님. 아버님도 보구정 허고, 어머님도 보구정 허연 안 되쿠다. 한 번만 집으로 보내줍서."

"아이고, 설운 아기들아. 위험허연 안 된다. 경허지 말고 조금만 참았당 십오 세만 넘기고 가는 것이 어떵허냐?"

"소사님, 어머님 아버님 보고팡 한시도 살지 못허쿠다."

하도 삼형제가 졸라가니, 소사중이 더 이상 말을 못하게 핑계를 잡아야겠다고 생각하며 일렀다.

"경허믄 너희들 내가 인돌 아래 침을 뱉을 테니 그 침 마르기 전에 갔다 올 수 이시커냐? 갔다 올 수 잇댄 허믄 내가 보내주마."

삼형제가 반색하며 대답했다.

"예, 그 침이 마르기 전에 갔다 오쿠다."

소사중은 어이가 없어 되는 말인지 안 되는 말인지 대답부터 하고 보는 삼형제의 얼굴을 빤히 쳐다보았다.

'이 아기들이 얼마나 가고 싶으믄 영** 햄신고?'

삼형제의 눈동자에 담긴 마음이 어찌나 간절한지 더 이상 막을 도리가 없음을 깨달았다.

"도리 없구나. 경허민*** 가기는 가라마는 과양 땅에 들어가민 매우 위험하니 거기는 절대로 조심하고 다녀와산다."

"예, 소사님, 걱정허지 맙서."

소사는 혹시나 해서 삼형제가 올 때 가져온 비단 아홉 필을 내어줬다. 삼형제는 비단을 등에 지고 부처님 전 하직 인사를

---

* **아멩** 아무리
** **영** 이렇게
_ **경허민 그러면

올린 후 길을 떠났다.

　삼형제가 절간 밖으로 나오니 꽉 막혔던 가슴이 터지면서 한 껏 부풀어올랐다. 그래서 나비 날 듯 새 날 듯 양 팔을 흔들어가 며 팔랑팔랑 뛰어가기 시작했다.

　"어서 가게. 어서 달려강 부모님 상봉하고 돌아오게."

　삼형제는 부모님을 조금이라도 빨리 보고 싶은 마음에 쉬지 도 않고 괄랑괄랑 아래로 뛰어 내려갔다.

　과양 땅에 가까이 오니 난데없이 시장기가 너무 났다. 두 다 리에 힘이 풀리면서 한 발자국 앞으로 내어놓으면 두 발자국 뒤쪽으로 물러서고, 두 발자국 앞으로 내어놓으면 세 발자국 뒤 로 물러나서 도저히 앞으로 나아갈 수가 없었다.

　삼형제는 걷기를 포기하고 길가에 앉아 의논을 했다. 식은 밥 이라도 먹으면 힘이 나서 잘 걸어갈 수 있을 것 같으니 등에 진 비단을 어느 집에 가져다주고 대신 밥을 얻어먹자고 결정을 보 았다.

　삼형제가 무겁게 내려앉는 두 눈을 거듭 떠가며 어디 사람 사는 집이 가까이 없는지 휙휙 고개를 돌려보는데, 길 건너에 집이 한 채 보였다. 번듯한 기와집이 제법 풍족하게 사는 집인 것 같았다. 그 집은 바로 욕심 많기로 소문난 과양생이네 집이었다.

"우리 저 집에 강 식은 밥이라도 한 숟가락씩 얻어먹고 가게."

"어서 걸랑 그리 허자. 셋 다 들어가민 주인장이 놀랠지 모르난 한 명씩 들어가는 것이 좋을 것 닮다."

큰형부터 과양생이 집 문간으로 들어서며 말했다.

"소승 뵈옵니다."

과양생이는 이마에 팔을 얹고 누웠다가 웬 소리에 와들랑이 일어났다.

"야, 이거 오늘은 아침부터 재수가 어신 모양이여. 어떵허연* 중놈이 들어왐신고? 수장남아. 저 중 쫓아내라."

하인들이 달려들어 큰형님의 귀를 잡아 끌어다 올레 밖으로 냅다 쳐냈다. 그러자 큰형님이니 콕하고 팽나무 아래 나무둥치에 처박혀버렸다.

둘째도 들어서며 소승 왔노라고 아뢰었지만 하인들이 달려들어 귀를 잡아 냅다 올레 밖으로 내치니 콕하고 담벼락 아래에 처박혔다.

마지막으로 막내동생이 들어섰다.

• **어떵허연** 어떻게 해서

"소승 뵈옵니다."

같은 말을 세 번이나 듣고 보니 과양생이는 어이가 없어 고개를 갸우뚱했다.

"아니, 이거 아멩해도˚ 이상허다. 아침부터 중놈이 셋씩이나 들어오는 것이 이상한 일이여."

과양생이가 어찌할까 생각하면서 주춤하니 서 있으려니까 막내동생이 달려들며 애원했다.

"상전님아, 우리는 본래 중이 아니우다. 원래는 동경국 땅 버무왕의 아들들인디, 명과 복이 짧아 절간에 강 불공을 드리다가, 아버님 어머님 얼굴 잠깐 상봉하러 가는 길에 하도 배고프고 시장허연 식은 밥이라도 얻어 먹젠 들럿수다."

과양생이는 동경국 버무왕의 아들들이란 말에 겁이 바싹 났다. 그래서 식은 밥 한 숟가락 사발에 놓아 물을 붓고 닥닥 말아 숟가락 세 개 걸쳐놓았다. 그걸 들고 삼형제 앞에 가져다가 휙하니 들이밀었다. 삼형제가 그걸 받아 들고 한 숟가락씩 떠먹으니 눈이 번쩍 떠졌다.

"아이고, 눈이 베롱ᄒ여져서˚˚ 이젠 산도 넘으키여, 물도 넘으키여."

막내동생이 말했다.

"성님들, 우리가 남의 걸 공으로 먹으민 목 걸린댄 어머님이

말핸수다. 저 마님 댕기라도 허고 다니랜 비단 아홉 치만 끊어

주고 가믄 어떵허코 마씸?"

"경허는 것이 좋으키여."

삼형제가 비단을 내어놓고 아홉 치 끊어주니 그걸 받은 과양

생이가 눈을 번쩍 떴다. 과양생이는 비단이란 걸 만져보지 못했

기 때문이다.

과양생이는 얼른 안방으로 뛰어 들어가 비단을 장롱 위에 올

려두고 청너울을 둘러쓰고 나와서는 공손하게 말을 했다.

"도련님들, 어서 안으로 들어옵서. 우리 집 안사랑도 좋수다.

바깥사랑도 좋수다. 아픈 다리 쉬었다가 내일이나 가는 게 어떵

허우꽈?"

과양생이가 하도 안으로 들어오시라 청하니 삼형제가 의논

을 하였다.

"야, 이거, 우리가 비단을 끊어주난 따뜻한 점심이라도 차려

주젠 허는 거 닮다. 경허믄 우리가 점심밥만 조금 얻어먹고 가

는 것이 어떵허냐?

---

* **아멩해도** 아무리 해도
** **베롱후여져서** 어두운 가운데 밝은 빛이 비치어 조금 환해져서(기본형: 베롱후다)

"좋수다. 점심밥만 얻어먹고 가게 마씸."

삼형제가 안으로 들어가니 과양생이가 통영칠반에 귀한 약주와 안주를 차리고 들어왔다. 과양생이는 웃음을 흘리면서 차르르 먼저 술을 따랐다.

"도련님들. 이 술 한 잔 잡수십서. 천년주요 만년주요, 한 잔을 먹으민 천년을 살고 두 잔을 먹으민 만년을 삽니다."

이렇게 술을 권하니 삼형제가 손사래를 쳤다.

"우리 절간에서는 술도 안 먹고 고기도 안 먹습니다."

"아이고, 그런 소리 맙서. 절간 안에선 안 먹어도 절간 바깥에 나오민 다 먹는 법이우다."

있는 말 없는 말 지어내며 하도 권하니 못이기는 척 한 잔씩 호록호록 술을 마신다는 게 그만 취하여 동쪽으로도 빗씩 넘어가고, 서쪽으로도 빗씩 넘어갔다.

과양생이는 삼 년 묵은 간장에 오 년 묵은 참기름을 솥에 놓아 오송오송* 끓여 놓았다. 뜨겁게 끓어오른 참기름을 주전자에 부어들고 방문을 활짝 열어보니, 삼형젠 무정눈에 세상 모르고 깊이 잠들어 있었다.

"이놈의 새끼들 잘 되었저."

과양생이는 설설 끓인 참기름을 삼형제의 왼쪽 귀에서 오른쪽 귀로, 오른쪽 귀에서 왼쪽 귀로 소르르 길어 넣었다. 그러자 삼형젠 얼음산에 구름 녹 듯, 구름산에 얼음 녹 듯 숨이 끊어져 버렸다.

이렇게 입도 뻥끗 못하고 죽어버리니 과양생이는 삼형제 등에 짊어진 비단을 모질게 빼앗아 자기가 눕는 방에 가지고 들어가 금동쾌상 궤짝에 들여놓고 철커덕 잠가두었다.

그날 밤 과양생이는 아랫사람들을 조용히 불러 삼형제 시신을 처리하라고 명했다.

"야, 수장남아, 이리 왕 보라. 너네들 오늘밤 삼경이 지나 고냉이** 새끼들까지 다 잠들민 이놈들을 끌어내 주천강 연내못에 처넣어불라. 혹시나 떠오를지 모르난 돌멩이를 잔등에 하나씩 달아매사 헌다."

어느 영이라 거부할 수 없어 수장남 수별감은 그날 밤 삼경이 깊을 때까지 기다리다가 지게에 시신을 지어가지고 주천강 연내못으로 갔다. 하인들은 서둘러 시신의 잔등에다 돌멩일 하나씩 달아매고는 깊은 물속으로 던져버렸다.

---

* **오송오송** 작은 양의 액체가 끓어 잦아드는 소리
** **고냉이** 고양이

과양생이는 뒷날 아침 일찍 아직 잠이 들어 있는 하인들을 깨웠다.

"이놈들아, 어서 일어나보라. 주천강 연내못에 가서 어떤 표적이라도 남아 있는 게 없는지 보고 와살 거 아니냐? 그냥은 가민 남이 이상허게 생각헐 거난 말을 끌고 강 물 먹이는 척 허멍 조심해영 살피고 오라."

새벽에 잠이 든 터라 비몽사몽간에 눈을 뜬 하인들이 궁시렁궁시렁 주둥이를 내밀며 말을 끌고 주천강 연못으로 갔다. 연못을 돌아가며 살펴보는데, 분명 어제는 보이지 않던 고운 꽃 세 송이가 동골동골 물살에 흔들리면서 주천강 연내못에 떠 있었다.

"아이고, 저것이 무어신고?"

하인들이 고개를 늘이면서 가만히 들여다보니 앞에 오는 꽃은 벙실벙실 웃는 듯하고, 가운데 있는 꽃은 서럽게 우는 듯하고, 맨 뒤에 있는 꽃은 팥죽같이 화를 내는 듯했다.

"곱긴 고운디, 요상한 고장*들이여."

하인들이 말에게 물을 먹이려 하였다. 그런데 말이 물을 먹으려고 하면 꽃이 달려들어 주둥이를 박하고 쳐내는 것이었다. 꽃이 없는 곳으로 가서 물을 먹이려고 하면 어느 새 옮겨왔는지 다시 달려들어 말 주둥이를 탁 쳐냈다.

"아이고, 못된 고장들이여 원."

"아멩해도 저것들은 요상한 것들이 분명허다. 말 물 먹이는 건 포기하고 그냥 집으로 가사키여."

하인들은 머리 뒤 꼭지가 당기는 것 같은 기분이 들어 서둘러 말을 몰아 집으로 돌아왔다.

과양생이가 하인들이 말을 끌고 오자마자 물었다.

"가서 보난 무슨 표적이라도 남아 있는 게 어서냐?"

"걱정 맙서. 감쪽같이 처리되어십디다. 경헌디 이상도 허주. 어제도 분명히 아니 본 고장들이 주천강 연내못 물 위에 동글동글 떠 다념십디다."

과양생이도 꽃을 좋아하는지 꽃 얘기가 나오니 반색을 했다.

"그 고장이 고와냐?"

"알록달록헌 것이 곱기는 무지 고웁디다."

과양생이는 꽃이 곱다는 말에 욕심이 났다. 그래서 가는대 작은 구덕에 연서답^{**}을 담아놓고 홍글홍글 웃으면서 주천강 연내못으로 달려갔다.

• **고장** 꽃
•• **연서답** 빨래

가서 보니 정말로 곱디고운 꽃 세 송이가 연못에 떠 있는 게
보였다.

"아따 고장이 곱기도 곱다. 문간에 걸어놓으민 좋으키여."

과양생이는 빨래방망이로 물랑물랑 물살을 헤치면서 꽃을
자기 앞으로 당겼다.

"나신디 테운 고장이건 나 앞더레 오라."

활활 물을 당겨가니 꽃 세 송이가 살랑살랑 고개를 흔들면서
앞으로 밀려왔다. 과양생이는 손을 물속에 집어넣고 꽃가지를 똑

똑 꺾어서는 가는 댓구덕**에 담아놓았다. 그러고는 꽃이 담긴 댓구덕을 옆구리에 끼고 집으로 덩싹덩싹 춤추면서 돌아왔다.

마루 위에 꽃이 담긴 댓구덕을 내려놓고 보니 꽃은 볼수록 고왔다.

"이 곱닥헌 고장을 어디에다 놓아두카?"

이리저리 궁리하다가 하루에 몇 번이라도 볼까하여, 앉아서도 볼 수 있고 지나가도 볼 수 있게 문 앞에 한 송이 꽂아놓고, 마루방 큰방 사이 기둥에 한 송이 꽂고, 문 뒤에도 한 송이 꽂아놓았다.

과양생이가 꽃을 쳐다보며 흐뭇하게 웃다가 밖으로 나가려고 일어섰더니, 문에 걸려 있던 꽃이 과양생이의 귀밑털을 잡아 북하고 당겼다.

"어따, 이 고장이 곱기사 곱다마는 행실이 괘씸허다."

그래도 꽃이 고와 마음을 누그러뜨리고 돌아섰다. 헌데 뒤뜰에 장을 뜨러 가려 하니 이번엔 기둥에 걸려 있던 꽃이 뒤 꽁지

---

* **나신디 테운 고장이건 나 앞더레 오라** 나에게 주어진 꽃이면 내 앞으로 오라
** **댓구덕** 대나무 바구니

머리도 박하고 잡아당겼다.

"이놈의 고약한 고장!"

과양생이가 짜증을 내며 한 대 쥐어박고는 밖으로 나섰다. 그런데 점심 때가 되어 과양생이가 밥상을 차려 들고 방으로 들어가는데 문 뒤에 꽂아 둔 꽃이 이번엔 앞 머리털을 박하고 당겨버리는 게 아닌가!

화가 난 과양생이가 더 이상 참지 못하고 꽃들을 박박 비틀어 끊어내어 청동화로에 놓고 확하고 불을 지펴버렸다. 그러자 꽃들이 사라락사라락 타오르더니 금세 재가 되어 내려앉았다.

불을 지펴놓고 생각하니, 다른 사람한테 머리타래를 매여도 칭원하지만, 꽃만큼 한 것에 머리타래 다 잡히니 치밀어 오른 화가 가라앉지 않았다.

부화가 팥죽같이 일어나서 가라앉질 않으니 올레에 나가 발을 탕탕 바닥에 치면서 이리 갔다 저리 갔다 성질을 부렸다. 한참을 그러고 있으려니까 한 동네에 사는 청태산마구할망이 보릿대 한 줌 쥐고 달려왔다.

"아이구, 과양생이야, 너네 집에 불씨나 있건 흔톨 주라. 나, 식은 밥이라도 물에 말앙 데워 먹어사키여."

화를 바락 내려다 평소 이 일 저 일 궂은 일 봐주는 할망이라 마음을 고쳐먹었다.

"우리 부엌에 강 솥강알*이나 흩뜨려 봅서."

할망이 솥강알에 가서 아무리 흩뜨려보아도 불씨 하나 보이지 않았다. 그래서 방에 있는 청동화로에 가서 불씨 있는가 헤쳐 보는데 난데없는 구슬이 세 개나 나왔다.

"아이고, 이거 무슨 구슬이 영 곱닥헌고."

청태산마구할망이 구슬 세 개 들고 올레에 나왔다.

"과양생이야, 이거 보라. 너희 부엌에 강 보난 불씨 하나 없고 해서 청동화로에나 있을까 허연 방으로 불씨 주우러 강 보난 구슬 세 개가 이서라. 하도 고완 주워와신디 나 가져도 되카?"

구슬이 삼색으로 쨍하니 빛나는 게 사람을 홀리는 듯하였다. 과양생이는 구슬을 휙하니 뺏어갔다.

"이 늙은 할망아. 불씨가 어시믄** 그냥 오지. 누가 그거 파 가정 오랜 헷수과? 나 애기 낳으민 주젠 불화로 재속에 숨겨둔 거우다."

괜히 욕을 하며 할망을 보내놓고 방으로 들어왔다.

과양생이는 구슬을 손에 가지고 이리 동글 저리 동글 돌려보

---

* **솥강알** 아궁이
** **어시믄** 없으면

고 또 돌려보았다.

"아따 곱다. 저리 놓고 보아도 곱고 이리 놓고 보아도 곱다. 오늘 운수 대통이여!"

구슬을 이리저리 가지고 놀다가 홀린 듯 자신도 모르게 입 속에 넣은 것이 목 아래로 소로록 내려가버렸다.

"아이고, 이거 무슨 일이라."

알록달록 반짝이던 구슬이 눈앞에서 사라지자 조금 서운했지만 내 배 속에 있는 것이니 괜찮다고 생각하면서 마음을 달랬다. 그러고는 구슬에 대해선 곧 잊어버렸다.

그렇게 구슬을 삼키고 난 뒤 하루이틀이 지나고 두 달 석 달이 다 되어가자 몸이 이상해졌다. 태기가 보이기 시작한 것이다. 곧이어 입덧도 시작되었다.

"장엔 장칼내 남저. 물엔 뻘내도 남저. 밥엔 풀내 낭 못 먹으키여. 아이고, 이 서방아! 신 것이 먹고프다. 어디 강 다래라도 따고 옵서."

이것 먹고 싶다 저것 해놓아라 서방을 닦달하며 한 달 두 달 지나는 게 어느덧 만삭이 되었다.

하루는 과양생이가 서방의 옷자락을 움켜쥐고 방 네 귀를 팽팽 돌며 야단을 했다.

"아이고, 배야. 아이고, 배야."

과양생이 서방은 급히 청태산마구할망을 불러들였다. 마구할망은 과양생이의 허리를 내리쓸어 보았다. 아이는 벌써 나오려고 머리를 돌리고 있었다.

"한 번 힘을 주라."

과양생이가 힘을 한 번 주니 아들이 나왔다.

"아들 하날 낳았구나. 가만 이서 보라. 자식이 또 이신게. 다시 힘을 주라."

다시 힘을 주며 이번엔 딸인가 했는데 다시 아들이었다. 이번으로 끝인가 한숨 돌리려는데 청태산마구할망이 힘을 한 번 더 주라고 소리쳤다.

"아이고, 자식이 셋이나 됨신게. 한 번 더 힘을 주라."

그럼 이번엔 딸이 나오려나 하고 한 번 더 힘을 줬더니 다시 아들이 나왔다. 과양생이가 한날한시에 아들 삼형제를 낳은 것이다.

아기들이 무럭무럭 자라는데, 노는 건 활소리요, 자는 건 글소리라 영특하기가 이를 데 없었다. 아기들이 일곱 살이 되어 한문서당에 가니 읽어도 장원, 써도 장원이었다. 글공부 활공부 모두 장원하니 동네에 소문이 자자하여 과양생이 부부의 자랑이 하늘 높을 줄 몰랐다.

열다섯 살이 되던 해에 삼형제가 과양생이에게 말했다.

"어머니, 아버지. 우리들도 서울에 올라 강 과거를 보고 오쿠다."

자기 아들들이라고 끔찍이 감싸돌던 과양생이가 왠지 마음이 불안해져서 말렸다.

"아이고, 설운 내 아기들아, 가지 말라. 너희들 잘못 다니당 어느 놈 손등에 넘어질라."

"어머니, 그거 무슨 말씀이우꽈? 아무 일 어실 거난 걱정 맙서. 우리 삼형제 서울 올라강 과거를 보고 올 거난 마음 편히 기다립서."

과양생이는 하는 수 없이 아들들을 과거 보고 오라고 올려보냈다.

삼형제가 삼천선비와 더불어 과거 보러 올라갔다. 삼천선비는 모두 낙방하는데 삼형제는 당당히 장원급제했다. 높이 든 건 청일산이요 낮추 든 건 흑일산이라. 어사화 비사화 받아들고, 삼만관속·육방하인 거느려 일월을 희롱하며 관덕정 마당으로 내려왔다. 삼형제는 사또에게 인사하고 동헌을 나와 남문 밖을 행진하여 과양동산을 치달아 오르며 집으로 향하였다.

과양생이는 이 날이나 우리 아기들 올까, 저 날이나 올까 매일 올레에 나가 서성거렸다. 하루는 높은 동산에 앉아 솔박*을 들고 곡식 불림질을 펏닥펏닥 하고 있자니 동으로 난데없이 과거 급제해서 돌아오는 행렬이 보였다. 급제행렬이 비비둥당 비비둥당 주내나팔 불어가며 와라차라 들어오고 있었다.

행렬을 물끄러미 바라보던 과양생이는 속에서 시샘이 불같이 끓어오르면서 절로 욕이 쏟아져나왔다.

"아이고. 어떤 집안은 산천도 좋안 저렇게 과거 급제행 왐신고? 설운 우리 아기들 삼형젠 어딜 가서 어느 놈 손등에 죽었는가, 어느 놈 발등에 죽었는가? 명천 같은 하늘님아. 저기 저 과거 급제행 돌아오는 저놈의 새끼 여기 우리 집 올레쯤만 오민 모가지나 오도독끼 꺾어지게 헙서."

이렇게 욕을 하는데 '과거 기별이우다' 하고 길보가 날아들었다. 과양생이가 놀라 가만히 보니 과거 당선하고 들어오는 선비들이 아들 삼형제가 분명하였다.

"앞을 보니 선배로다. 뒤를 보니 후배로다. 와라차라하며 들어오는 선비들이 바로 내 아들들이 분명허구나."

---

* **솔박** 바가지

과양생이가 불림질하던 솔박을 든 채 춤을 추기 시작했다.

"얼씨구나 좋다. 절씨구 좋구나. 아니 놀지는 못하리라."

춤을 덜싹덜싹 추는데 큰아들이 말에서 내려 인사를 올린다.

"어머님, 동방급제 허엿수다."

큰아들이 문전신께 상을 차려놓고 절을 세 번 올리는데 목이 푹 꺾어지면서 소꼭하니 죽어 아니 일어났다.

과양생이가 놀라 입도 다물지 못했는데 이번엔 셋아들*이 말에서 내려서서 동네 유지 모아놓고 인사를 올렸다.

"제가 팔도도장원을 허엿수다."

셋아들도 절을 하고 일어서다가 목이 꺾이며 소꼭하게 죽어버렸다.

"아이고, 이거 무슨 일이고?"

기겁하는 과양생이에게 이번엔 작은아들이 달려들었다.

"어머님, 문선급제 허엿수다."

막내아들도 부엌에 가서 조왕할망께 상을 차려놓고 절을 하고 일어나려다 소꼭하니 목이 꺾이며 죽어버렸다. 한날한시에 아들 셋이 목이 꺾여 죽어버렸던 것이다.

---

* **셋아들** 둘째 아들

과양생이가 한날한시에 죽은 삼형제를 꺼안고 울고 불고 대성통곡을 했다.

"삼형제가 한날한시에 태어낭 한날한시에 과거 급제허고 한날한시에 다 죽어브난 이런 일이 어디 싯젠 말이라? 아이고 억울허다."

아무리 울고 울어 대성통곡을 해도 죽은 아기는 아니 살아났다. 한참 울던 과양생이는 벌떡 일어났다.

"수장남아, 우선 내 아들들은 앞밭에 임시로 묻어두라. 내가 꼭 이일을 해결해사키여. 이런 억울한 일이 세상 어디 이시냐."

과양생이는 당장에 이 고을에 살고 있는 김치원님을 찾아가서 생떼를 쓰기 시작했다.

"김치원님아, 사실이 이렇고 저렇고 하여 내가 한날한시에 아들 삼형제를 낳아신디, 이 삼형제가 똑똑허연 한날한시에 과거 급제허영 돌아와신디, 아이고 원통허여라. 이 아기덜 한날한시에 다 죽어브난 이런 억울한 일이 어디 잇수과? 경허난 원님이 이 일을 해결해줍서."

김치원님은 참으로 딱했다. 세상에 이런 곤란한 일은 처음 당하는 것이었다. 어떻게 한날한시에 태어나고, 한날한시에 과거 급제하고, 한날한시에 죽어 간 그 원인을 알아내고 해결해줄 수 있단 말인가.

원님이 도저히 해결을 못하겠다고 대답을 했다. 그러자 과양 생이는 동헌 마당에 발을 닥닥 내리찧으면서 욕설을 퍼붓기 시작했다.

"개 같은 김치원이여, 바보 천치 같은 김치원이여. 이만한 해결을 못허멍 원님자린 뭣하러 허염신고? 당장 봉고파직하고 이 고을에서 떠나불라."

과양생이가 어찌나 입에 거품을 무는지 김치원님은 기가 질려서 쓰러질 지경이었다.

과양생이한테 욕을 한 바가지 얻어먹은 김치원님은 칭원하고 원통했다.

"내가 저런 과양생이년 만한 것에 이런 수모를 당허다니. 부끄럽고 칭원해서 살 수가 없다."

원님은 울분을 삭이지 못해 문을 안으로 걸어 잠그고 방에 드러누웠다. 소문을 들은 부인이 부랴부랴 달려와서 남편을 달래며 말했다.

"이 문 엽서. 문 열엉 무슨 좋은 일이 이서신지 말이나 해봅서."

그제야 원님이 문을 열고 부인에게 자초지종 일러주며 하소연했다. 듣고 있던 부인이 말했다.

"사람이 죽고 사는 일인데 어찌 이승의 고을 원님이 알 수 이시쿠과. 해결 못하는 일이 당연지사우다. 이는 염라대왕만이 해결헐 수 있는 일이 아니우꽈."

"부인 말이 백 번 맞는 말이여. 그러니 과양생이년한티 욕 한 바가지 듣고 무능허댄 말을 듣는 것이 참으로 기가 찬 일이 아니오. 아이고, 우리 고을에 입이 정 독한 여자가 사는 걸 오늘에사 알았구나."

"경허난 염라대왕을 잡아왕 해결허랜 허게 마씸."

"이 사람아, 저승에 있는 염라대왕을 어떵 잡아온댄 허는 말이라."

"염라대왕 잡아올 사람을 구해보게 마씸. 우리 동헌에서 가장 똑똑한 관장이 누게우꽈?"

"그야 강림이가 제일 똑똑허주. 강림이가 열다섯에 사령방에 입참하여 열여덟 나던 해에 관장패를 등에 지고, 문 안에도 아홉 각시 문밖에도 아홉 각시, 이구 십팔 열여덟 각시를 데리고 살암댄 허여."

부인이 듣고 보니 똑똑한 사람임에 틀림없었다.

"나한테 좋은 생각이 잇수다. 내일 아침부터 급히 영을 내려 이레 동안만 이른 새벽에 소집을 해보십서. 어느 관장 하나가 떨어져도 떨어질 것이우다. 보나마나 강림이 각시를 열여덟씩이나 데리고 산댄 허난 새벽잠에 빠정 나오지 못할 게 분명허우다. 경허믄 호통을 치면서 목숨을 내놓든지 저승에 가서 염라대왕을 잡아오든지 허라고 명을 내립서."

부인의 의견이 그럴싸했다. 김치원님은 그날부터 모든 관장들에게 새벽 소집의 영을 내렸다. 첫날 새벽 동헌 마당에는 관장들이 빠짐없이 모여들었다. 이튿날도 빠짐이 없고, 사흘 나흘 닷새째도 빠짐이 없었다.

마지막 이레째 되는 날 예상대로 강림이 빠져 있었다. 이날 강림은 열여덟째 고운 첩을 끼고 깊은 잠에 빠져 깨어나지 못했던 것이다.

"강림이 결석이오!"

동헌 마당에서 외치는 소리에 강림이 벌떡 일어서고 보니 벌써 창문이 훤하게 밝아 있었다. 세수도 하는 둥 마는 둥, 옷도 입는 둥 마는 둥 넘어질 듯 엎어질 듯 밖으로 뛰어 나갔다.

강림이 동헌 마당에 도착했을 때는 이미 형틀에 곤장이 마련되어 있었다. 나졸들이 달려들어 강림이를 끌어다가 큰칼을 씌우니, 원님이 호통을 치면서 죽일 것처럼 몰아갔다.

강림이 혼비백산하여 비새같이 울면서 원님에게 애원을 했다.

"아이고, 원님. 나는 이제 죽을 목에 들었습니다만, 어떻게 살 방도는 없수과?"

"지금 당장 목숨 바쳐 죽겠느냐? 아니면, 저승에 가 염라대왕을 잡아오겠느냐?"

"예, 원님. 제가……."

강림이 얼이 빠진 와중에도 이리저리 생각을 해보았다. 나에게 어떻게 저승 가라고 하는지 아무리 생각해도 알 도리가 없다. 그렇지만 이 자리에서 죽겠다고 했다가 당장 나를 죽여버리면 그뿐이 아닐런가. 남자 대장부라면 명예라도 남기고 죽어야 하는데 이리 속절없이 죽다니 안 될 말이다. 이리 죽어도 죽고 저리 죽어도 죽을 팔자 아무래도 죽을 거라면 말미나 며칠 얻어놓고 보자.

강림이 고개를 들고 기세 좋게 대답했다.

"예, 내가 저승에 가서 염라대왕을 잡아오쿠다."

김치원님의 얼굴이 삽시간에 밝아지면서 명을 내려 강림의 머리에 씌운 칼을 풀어주었다.

강림은 김치원님에게 저승에 가 염라대왕을 잡아오겠다고 기세 좋게 장담했지만, 저승길은 어디로 가며, 어떤 땅을 지나가야 저승에 이르는지 도저히 알 도리가 없었다. 강림은 동헌 마당 연단 위에 서서 생각을 이리 굴리고 저리 굴려보아도 막막하기만 하니 눈물이 닥닥 떨어졌다.

강림이 친구 벗들에게 찾아가 애원했다.

"아이구. 설운 내 친구 벗들아. 오라. 나영 벗해서 저승이나 갔다 오게."

"야야, 나는 싫다. 나도 싫다"

모두들 기겁을 해 사방팔방으로 도망을 쳤다.

"너희들. 너무 경허지 말라. 나 옛날 돈 있어 기생집도 다니고, 술집에 갈 때는 나도 가마, 나도 가마 따라붙는 친구도 만앙게마는 저승에 가젠허난 외롭고 쓸쓸한 건 나 혼자 뿐이로구나."

이번엔 사랑을 주던 열여덟 첩들에게 찾아가보기로 했다. 그런데 그리 아양을 부리던 첩들이 자초지종을 듣더니 홱홱 돌아앉아버렸다. 금세 보따리 싸는 첩은 있을지언정 방법을 찾아보겠다는 첩은 하나도 없었다.

강림은 남문 바깥 동산에 주저앉았다. 내가 무슨 죄를 지어 저승에 가야 되는 걸까 곰곰이 생각해보았다. 그러자 평소 돌아보지도 않았던 조강지처 부인 생각이 났다.

'큰각시 시집오고 나 장가가던 날, 바로 사모관대 벗어두고 버선 놓아두고, 족두리 벗겨 놓아두고, 그 길로 집 나왕 이구십 팔 열여덟 각시 집에 나다녔구나. 경허면서 우리 큰각시 간장 썩게 해서 울린 죄 너무 하난° 이런 일을 당허는 모양이여, 이제

랑 마지막 저승 가는 길에 큰각시 찾아가 얼굴이라도 한 번 빵 가사키여.'

부인이 사는 집을 찾아서 소곡소곡 걸어가보니, 강림의 부인은 절구 속에 물보리 섞어놓고 목청 좋은 소리로 이녁 전생팔자 노래하며 드리쿵쿵 내쿵쿵 찧고 있었다. 강림은 큰 부인 집에 들어가려다가 차마 선뜻 발을 들여놓지 못하고, 올레에 우두커니 서 있었다.

강림의 부인은 방아를 찧으며 소리하다가 보니 누가 올레 밖에 와 있는 것 같았다. 그래서 쳐다보지도 않는 체 하다가 어귓담**으로 살짝 보니, 강림이가 와서 우두커니 서 있었구나. 부인은 한편으로 놀라고 한편으로 어이가 없어 불쑥 한마디했다.

"매정한 낭군님아, 평소엔 꼴도 아니 비천게마는 어떵허영 오늘은 우리 올레에 완 어정거렴수과? 남정네들 걸음허지 말랜 정낭에 가시 쳐둔 거 안 보염수과? 그 가시 언제 걷어내고 정낭문⁕ 열언 들어왔수과?"

⁕ **하난** 많으니
⁕⁕ **어귓담** 울타리
⁕⁕⁕ **정낭문** 대문 대신 막대를 걸쳐놓은 제주 전통 문

강림은 이리 말해도 묵묵, 저리 말해도 묵묵하며 우두커니 서
있다가 마당으로 허울허울 들어오더니 얼른 마루에 올라섰다.

강림은 부인이 사는 방에 가서 문을 확 열어보았다. 방 안을
올려다보니 벽에는 버드나무 가지가 늘어지게 그려진 벽지가
발라져 있고, 바닥은 네모반듯하게 잘 오려진 장판이 윤이 나게
잘 닦여 있었다. 벽장으로 보지 않는 체하며 옆 눈으로 슬쩍 보
니, 공단이불 서단이불에 원앙 칭칭 잣베개가 곱게 놓여 있었
다. 방구석을 슬쩍 둘러보니, 정동화로 일곱 개가 광을 내며 한
쪽에 줄줄이 차례를 기다리며 대기하고 있었다.

강림이가 한숨을 후 하고 쉬면서 말을 했다.

"아이고. 홀어멍은 이녁 혼자만 삼 년을 살민 부자가 되고, 홀
아방은 삼 년만 혼자 살다가는 거적문에 돌쩌귀 하나뿐이랜 헌
옛말이 하나도 그른 데가 어신게. 나가 각시 내팽개치고 첩살이
허멍 돌아다니는 사이 우리 부인은 이리 쏠쏠하게 재산을 불리
고 살림을 꾸렸구나."

강림이 방구들에 앉은 채 고개를 외로 꼬았다. 후회가 가슴
가득 밀려드는데 죽음이 눈앞에 걸렸다고 생각하니 절로 신세
한탄이 되어 또다시 눈물이 닥닥 떨어졌다.

강림의 부인은 마당에서 계속해서 방아를 찧으면서 곰곰이

생각을 해보았다.

'잘나도 내 낭군이요, 못나도 내 낭군이라. 어떵허연 큰각시 집에 찾아와신지 알아나봐살 거 아니라? 무슨 궂은 일이 이선 와싱가? 경해도 내 집에 온 서방인디 내가 가서 맞아나줘사주.'

부인이 방에 들어가 문을 확하고 열어보니, 강림이가 엎드려 비새같이 울고 있었다.

"이 작산˚ 어른아, 어떵허연 한강수 넘치게 울엄수과?"

강림이 울음을 그치지 않았다.

"큰일 생길 때는 아니 찾아옵디다마는 무신 일이 있어서 이리 얼굴 비추엇수과? 혹시나 조금 전에 그만썩 저만썩 굴은 말에 노다시령 문을 잡앙 눕데가˚˚? 여자라는 건 동산 위에 앉아 오줌을 싸도 치메깍˚ 젖는 줄 모르는 거우다. 이녁 행실이 그만 허영 헌 말이난 그러려니 헙서."

˚ **작산** 나이가 많은. 어른이 어른답지 않는 행동을 할 때 '작산 어른'이라는 말을 관습적으로 쓴다.
˚˚ **그만썩 저만썩 굴은 말에 노다시령 문을 잡앙 눕데가?** 그만씩 저만씩 이른 말에 자꾸 되새기면서 문을 잡아 걸고 누웠습니까?
그만썩 저만썩 그만씩 저만씩, **굴은** 말한. 굴다(말하다), **노다시령** 지나간 일이나 한 번 한 말을 작은 소리로 거듭 말하면서, 뇌며(기본형: 노다스리다), **눕데가** 누웠습니까
˚ **치메깍** 치맛자락

부인이 살살 달래자 와들랑하게 강림이 일어나며 말했다.

"아이구, 이 사람아, 내가 그만썩 저만썩 헌 말에 칭원해서 울겠는가? 나의 행실이 그만하니 그런 말 들어도 싸주. 그런 게 아니라. 이 고을에 사는 과양생이가 낳은 아들 삼형제가 과거하고 와서 한날한시에 다 죽으난 나한테 이 일 해결 못하면 죽이켄 햄서."

"아니, 당신한테 어떵 그걸 해결허랜 말이우꽈?"

"나보고 저승에 강 염라대왕을 잡아오랜 햄신게. 염라대왕을 잡아왕 일의 자초지종을 들어보자는 말인디, 산 사람인 나가 어떵 저승에 가살지 아무도 말해주는 사람도 없고. 아무것도 모르멍 무작정 길을 나서긴 햇주마는 막막허연 어디로 발을 떼살지 모르커라. 경허연 미지막으로 당신 얼굴이나 보고 가젠 영 들려서."

"경허믄 저승 갔다 오라고 원님이 무슨 표적이라도 줍디까?"

"이걸 주긴 주어신디."

강림이 내어놓은 걸 보니, 흰 종이에 검은 먹글씨였다. 부인은 그 걸 확 걷어들고 관가로 달려가 동헌마당 연단 위로 올라서면서 말했다.

"이 글은 저승 문서 아니우다. 저승 글은 붉은 것에 흰 글 써야 됩니다."

부인의 말에 모두들 똑똑하다 칭찬하였다.

그땐 내 법으로 지금 현재까지도 우리 인간이 죽어 저승 갈 때는 붉은 바탕에 흰 글씨로 명정을 쓰는 명정법(銘旌法)이 만들어졌다.

집으로 돌아온 부인은 강남서 들여온 시루를 가져다놓고 일본서 들여온 조그만 멧솥에 초층, 이층, 삼층으로 쌀가루를 쌓아놓아 시루떡을 찌기 시작했다. 떡이 다 되자 위층을 떼어서 문전상을 차려놓고 일문전에 가서 문전신께 빌었다.

"일문전 할아버지(門前神). 우리 낭군님 저승 가는데 저승길이나 잘 인도해주십서."

절 삼 배를 하고, 소지 석장을 태웠다. 그리고 나서 시루떡 한 층은 떼어서 부엌으로 가져가 부엌의 신 조왕할머니께 올리며 빌었다.

"조왕할머니, 우리 낭군이 저승에 무사히 다녀오게 저승길 잘 인도해주십서."

부인은 조왕할머니께 절 삼 배 올리고 나서 소지 석장을 태웠다.

마지막으로 남은 시루떡 아래층은 강림이 저승가면서 먹을 음식으로 탄탄하게 싸놓았다.

모든 준비를 다 하여 방문을 확하고 열어보니 강림이 콧소리를 화르르릉 화르르릉 뿜어내며 무정 눈에 잠만 퍼 자고 있었다.

"아이고, 무정도 허다. 저승길이란 건 아무도 대신 못 가는 길이우다. 흔저 일어낭 저승 갑서."

퍼뜩하게 잠이 깨어 강림이 일어나 앉았다. 가만히 보니, 천황닭은 목을 들어 조지반반 울어가고, 지황닭은 꼬릴 치고 고고고고 울어가는데, 먼동 금동 대명천지가 밝아오는가 해가 두둥실 떠오르고 있었다.

강림이 남방사주 바지에 백방사주 저고리, 자지명주통행경, 백능버선 미투리에 백지로 들메를 매고, 한산모시 두루마기에 남수화주 적쾌자에 운문대단 안을 받치고 산에 사는 소털로 만든 흑두전립에 허울거리는 상모를 하며, 밀화패영 늘어뜨리고, 관장패를 등에 지고, 앞에는 날랠 용(勇)자, 뒤에는 임금 왕(王)자 홍사줄은 옆에 차고 적패지는 옷고름에 채워 문앞에 서니 저승 차림이 완연했다.

강림은 부인이 어느새 이렇게 잘 차려놓았는가 생각하며 절로 감탄을 할 수밖에 없었다.

"저승 의복은 언제 이렇게 잘 차려놓았소?"

"사람은 언제 저승 갈지 모르는 일이라 시간 날 때마다 부지런히 장만해놓앗수다."

그때 낸 법으로 사람이 죽기 전에 미리 수의(壽衣)를 차려놓는 법이다.

부인은 강림에게 명주 전대를 허리에 감아주며 당부했다.

"저승 초군문을 들어가기 전에 급한 일이 닥치거든 이 명주 전대를 풀어봅서. 알 도리가 이실 거우다."

부인은 아무도 몰래 귀 없는 바늘쌈을 강림의 장옷 앞섶에 숨숨히 찔러놓았다.

"설운 각시야. 오래오래 살암시민 나 저승 갔다 돌아왕 우리같이 검은 머리가 파뿌리 되도록 살아보주."

부인이 남문 밖 동산까지 가서 남편을 눈물로 전송했다. 집으로 돌아와 문을 열고 들어서려 하니 때 마침 지나가는 바람이 옷 앞섶을 사락사락 헤쳐놓았다.

'설운 낭군님과 이별하니 옷 앞섶이 가로삭산 헤쳐점저. 앞섶이나 여미자.'

부인은 앞섶을 여미며 그날부터 마음을 다 잡고 강림이 무사히 돌아올 때까지 기다리기 시작했다.

부인과 굳은 언약을 하고 강림이는 문밖으로 걸어나갔다. 올레에 나가 바라보니, 청태산마구할망이 불 붙였던 부지깽이 오그라진 작대기 짚고 행주치마 둘러입은 차림으로 앞에서 자작 자작 걸어가고 있었다.

'빨리 쫓아강 저승 가는 길에 같이 말벗이나 해사키여.'

강림이 소리를 질렀다.

"할머닌 어디로 감수과?"

강림의 물음에도 아무 대답 없이 할머니는 걷기만 했다. 강림이가 빨리 따라가면 할머니도 빨리 걷고, 강림이가 천천히 가면 할머니도 천천히 걸어가니 도저히 따라 잡을 수 없었다.

강림은 따라잡는 걸 포기하고 천천히 걷다 보니 높은 동산이 앞에 보였다. 허위허위 동산에 올라가자 할머니는 오똑하게 앉아서 강림을 기다리고 있었다.

강림이가 할머니께 허울허울 다가가 절을 삼 배 올렸다.

"아이고, 어느 집 도련님이관대 늙은이한테 절을 햄서?"

"무슨 말씀을 경 햄수과? 우리 집에도 어르신들이 계신디 할머니를 보난 집안 어른 생각 난 절을 올리는 거우다. 할머니는 어디로 가는 길이우꽈."

"경허는 도령은 어디로 가는 길이라?"

"예, 저는 저승으로 염라대왕을 잡으러 가는 길이우다."

"거, 참. 쉽지 않은 길이여. 게나마나* 멀고 먼 길 가는데 점심이나 나눠 먹읍주."

점심을 먹으려고 싸준 것을 내어놓는데, 할머니 싸온 것이나 강림이 싸온 것이나 한 솥 밑에 지은 한 솥 밥이었다.

"할머니, 할머니가 싸온 밥이영 나가 싸온 밥이영 어떵허연 이렇게 똑같을 수가 잇수과?"

그러나 노인이 소리를 질렀다.

"이놈아, 모른 소리 말라. 나는 느 큰각시네 집 조왕할망이여. 느 허는 행실이 하도 괘씸하더라마는 느네 큰각시 정성이 기특하고 불쌍하니 너 저승길 가르쳐주려고 나왔저. 네가 싸온 점심밥이랑 그대로 가지고 가라. 가당 보민, 일문전 할아버지가 이실 거여. 그걸랑 할아버지한테 바치멍 저승길 골아주랜 빌어보라."

"아이고, 조왕할머니! 고맙수다."

강림이 점심밥을 얻어먹고 나서 할머님께 허울허울 삼 배 올리고 고개를 들어보니, 온데간데없이 사라져버렸다.

다시 강림이는 혼자 휘엇휘엇 걸어가는데, 앞을 보니 높은 동산에 할아버지가 하얀 수염에 긴 담뱃대 입에 물고 앉아 있었다. 강림이 앞으로 가서 절을 허울허울 세 번 드리니 노인이 물었다.

---

* **게나마나** 그나저나

"길 가던 나그네가 무사 나한테 절을 햄서?"

"할아버님, 그런 말 허질 맙서. 우리 집안에도 늙은 부모 조상이 있습니다."

"어디로 가는 도령이라?"

"저는 저승으로 염라대왕을 잡으러 가는 길이우다."

"저승 가는 길이 멀고 먼 길이라. 가기가 쉽지 않을 건디. 먼 길 가는데 우리 점심이나 나눠먹는 게 어떵허여?"

"어서 걸랑 그리 헙서."

강림이가 싸고 온 점심을 톡 내어놓고 보니, 할아버지가 싸온 점심이랑 한 솥 밑에 지은 한 솥 밥이었다.

"할아버지 점심은 어떵허연 내가 싸온 점심이영 똑같으우꽈?"

"이놈아, 난 네 큰각시네 집 일문전 하르방이여. 너 하는 행실이 괘씸하다마는 너의 큰각시가 하도 정성이 기특하니 네 저승길 골아주젠 나왔저."

"아이고, 일문전 할아버지, 고맙수다."

강림이 고개를 조아리자 일문전신은 말을 이었다.

"네 점심밥이랑 그냥 싸고 가라. 네 들어갈 길은 이른여덟 갈림길이라. 하나하나 세멍 가다 보민, 개미 왼뿔만 한 길이 나올 거여. 거기에 질토레비* 질감관이 길을 닦다가 허기에 지쳐 누위 있을 거여. 그 질토레비한테 싸고 간 점심밥을 드리라. 경허민 점심밥을 얻어먹은 질토레비가 거절을 못헐 거난 저승길을 가르쳐달라 부탁을 허믄 된다."

"어서 걸랑 그리 헙서."

그때 낸 법으로 집안에 궂은 일이 있을 때, 문전신과 조왕신에게 정성으로 축원하면 궂은 일을 물리칠 수 있게 되는 것이다.

점심을 먹고 나서 문전신은 강림의 손을 잡고 높은 동산으로 올라가서 말했다.

"강림아. 지금부터 네가 들어갈 길은 이른여덟 갈림길이니라."

문전신이 길을 일일이 가르쳐주며 다 세어놓고는 하나 남은 길을 손으로 가리켰다.

"강림아, 네가 들어갈 길은 저기 저 보이는 개미 왼뿔만큼 좁은 길이여."

가리키는 쪽을 바라보니 서쪽으로 앙상한 길이 한 줄기 뻗어 있었다. 좁기가 이루 말할 수 없을 지경인데, 얼마나 좁은가 하

● **질토레비** 길 안내인

면 정말로 개미 왼쪽 뿔 한 조각만큼 했다. 게다가 험하기가 이를 데 없어 사방에서 튀어나온 바위들 사이로 어틀비틀 이어진 것이 똑바로 걷기도 어렵거니와 가시덩굴이 이리저리 마구 뒤얽혀 곱게 넘어가기 어려워 보였다.

"강림아, 저 길을 허위뜯어 가다 보민 질토레비 이원차사가 석 자 두께 다섯 자 너비의 길을 닦당 시장기가 나서 양지 바른 데 앚앙 졸고 이실 거여. 가까이 가서 네 전대에 있는 떡을 질토레비 앞에 놓으라. 경허민 눈에 익은 음식이라, 배고픈 김에 떡을 삼세 번 끊어먹을 거여."

강림이 머리를 숙여 소꼭하게 인사하고 고개를 들어보니 일문전신 할아버지는 온데간데 없었다.

강림이 혼자 험하고 좁은 길로 들어섰다. 가시나무 우거진 길에 동쪽 가지는 서쪽으로 눕히고 서쪽 가지는 동쪽으로 눕히면서 가시덤불 헤치고 가다 보니, 질토레비 이원차사가 허기가 져서 길가에 앉아 소닥소닥 졸고 있었다.

강림은 전대에서 떡을 꺼내 질토레비 앞에 놓아주었다. 질토레비 이원차사는 듣지도 묻지도 않고 배고픈 김에 허겁지겁 떡을 삼세 번 끊어 먹었다.

"아이고 이제사 눈이 베롱ᄒᆞ니 떠지는 게 산도 넘고 저라, 물고 넘고 저라."

힘이 난 이원차사는 주위를 둘러보다 강림을 발견하고는 와들랑이 일어났다.

"어디 계신 관장 되옵니까?"

"예, 저는 인간 김치원님 모시고 있는 이승의 관장 강림이가 됩수다."

"아이고, 팔자 궂은 동관(同官)이로구나. 게난* 이승 동관님은 어딜 가는 길이우꽈?"

"저는 저승 염라대왕을 잡으러 감수다."

"이승 동관님아. 그게 무슨 말이라? 산 사람이 저승을 어떵 간덴 말이오. 검은 머리털이 백발이 되도록 걸어봅서. 절대 못 갑니다."

그러자 강림이 엎드려 절을 하며 애원했다.

"저승 동관님아, 저승길을 좀 인도해주십서. 제가 염라대왕을 이승으로 잡아가지 못하면 죽은 목숨이우다."

이원차사는 난감했다.

"남의 것을 공으로 먹고 공으로 쓰면, 목 걸리고 등 걸리는

---

* **게난** 그러니까

법이라 이 일을 어떵허믄 좋으코……."

이원차사는 한참을 망설이다 말을 했다.

"이승 동관님아, 적삼을 가지엇수과?"

"예, 가졋수다."

"그러면 삼혼(三魂)을 불러들이거든 혼으로라도 저승 초군문
에 가보십서. 내일모레 사오시가 되민 아랫녘의 원복장자 막내
딸아기가 다 죽어 가서 전새남굿을 헐 거난, 그때 염라대왕이
내려가멍 여길 거쳐서 갈 거우다. 경허믄 초군문에 적패지를 붙
이고 염라대왕 행차가 지나가게 되믄 세 번 네 번째까지는 그
냥 내불고 다섯 째 가마를 놓치지 마십서. 그 가마에 염라대왕
이 타고 이실 거우다."

질토레비는 저승 초군문에 이르는 길까지 친절하게 일러주
었다.

"저승 초군문에 가기 전에 행기못이 잇수다. 못가에 보민 이
승에서 비명(非命)에 죽은 사람들이 저승에도 못 가고, 이승에
도 못 와서 울고 이실 거우다. 그대가 못가에 이르면 그 사람들
이 같이 데려가달랜 쾌자 앞자락을 잡앙 놓아주지 않을 거우
다. 경허믄 전대의 떡을 자잘하게 부수왕 동서로 뿌립서. 그나
저나 저승에 갔다 올 본메*나 가졌소?"

"아이고, 엇수다."

106

"이게 무슨 말이오? 저승 본메가 어시민 저승을 가도 돌아올 수가 엇수다."

"아이고, 이 일을 어떵허코."

강림은 땅을 치며 탄식하다가 생각해보니, 부인이 작별하고 나올 때, 저승 초군문 가기 전에 급한 일을 당하거든 명주 전대를 풀어보라고 한 말이 생각났다. 그래서 전대를 풀어보니 동심결, 운삽, 불삽이 나왔다.

이원차사는 그것을 보고 말했다.

"이것이 바로 저승 본메입니다."

그때 낸 법으로 사람이 죽으면 동심결과 운삽과 불삽을 만들어 매장하게 되었다.

"그럼 속적삼을 벗어주시오."

강림이 속적삼을 벗어주니, 질토레비가 속적삼을 들고서 혼을 세 번 불렀다.

"강림이 혼 보오. 강림이 혼 보오. 강림이 혼 보오."

이원차사가 강림의 혼을 세 번 불러주니 강림의 혼은 순식간에 저승의 포도리청, 호안성을 지나 행기못가에 이르렀다. 못가

•**본메** 증거물. '본메본장'이라고도 한다.

에는 질토레비 말대로 저승에도 못 가고 이승에도 못 온 영혼들이 들끓고 있었다.

강림이 가까이 가자 영혼들은 우르르 몰려들었다.

"오라방, 날 데려가줍서."

"형님, 나도 데려갑서."

"조캐°야, 동생아, 나도 데령가라."

사방에서 달려들어 옷자락을 잡아끌었다. 강림은 급히 전대의 떡을 꺼내 자잘하게 끊어서 동서로 뿌려댔다. 그러자 영혼들이 배고픈 김에 떡을 주워 먹으려고 사방팔방으로 흩어졌다.

그 틈을 타서 강림은 눈을 질끈 감고 행기못 속으로 텀벙 뛰어들었다.

정신을 차려보니 저승 연추문에 닿아 있었다. 강림은 안도의 한숨을 쉬었다. 드디어 저승에 도착한 것이다. 강림은 연추문에 앉아 염라대왕이 나올 때까지 기다리기로 했다.

강림은 적패지를 풀어내어 연추문에 떡 붙이고, 갓과 망건을 벗어 연추문 기둥에 걸어놓고 팔을 베고 누워 한참 늘어지게 잠을 잤다.

사오시가 되니 염라대왕 가마행렬이 와라치라 내려왔다. 앞에 오는 가마들은 그냥 놔두고 다섯 번째 가마가 당도하자 그 속을 옆 눈으로 바라보았다. 눈이 통대왈°°만 하고, 코는 말뚝코만 하고, 입은 작박[※]만 한 게 무시무시하게 생긴 염라대왕이 떡 하니 앉아 있었다.

염라대왕은 연추문에 붙은 적패지를 보더니 가마를 멈춰 서게 했다.

"저기를 봐라. 연추문에 붙은 적패지가 어떤 적패지냐?"

이원차사가 달려와 말을 했다.

"강림이가 저승 염라대왕을 잡으러 와서 붙인 적패지입니다."

염라대왕이 호통을 쳤다.

"강림이가 어떤 놈인데 감히 나를 잡겠다는 말이냐?"

강림은 이때다 하고 봉황새 같은 눈을 부릅뜨고, 우레같이 소리를 지르며 달려들었다.

강림이 한 번 펄쩍 뛰며 몇 놈을 메다치니 삼만 관속이 온데간데없고, 두 번을 펄쩍 뛰며 메다치니 육방 하인이 간 데 온데간데없었다. 세 번째 펄쩍 뛰며 다섯째 가마를 열어젖혔다.

가마 안을 보니 염라대왕이 두 주먹을 불끈 쥐고 앉아 부들

[●] **조캐** 조카
^{●●} **통대왈** 큰 대접
[❀] **작박** 얕은 나무 그릇

부들 떨고 있었다. 강림의 호통 소리가 또 한 번 울리니 염라대왕의 손목에는 수갑이 채워지고, 발에는 차꼬가 끼워졌다. 강림은 홍삿줄을 내어놓고 달려들어 염라대왕을 탄탄하게 사문결박 하였다.

염라대왕이 호통했다.

"누가 감히 나를 사문결박 하느냐?"

강림이 대답했다.

"나는 이승 김치원님 명을 받아 온 강림이오."

"이승의 산 사람이 어째서 나를 사문결박 하느냐?"

"염라대왕님, 인간세상 이승에 나와 함께 가야 합니다."

이제 염라대왕은 살살 강림을 달래기 시작했다.

"아이구, 강림아. 감히 나를 포박하여 이승으로 가자하니 용감하고 똑똑하구나. 강림아, 사문결박 풀어주라."

저승왕 염라대왕은 강림이에게 인정(人情)˚을 후하게 주며 달랬다. 인정을 받은 강림이 마음이 느긋해져서 사문결박을 풀고 홍삿줄도 풀어주었다.

"강림아, 나와 함께 아랫녘에 원복장자 집에 가자. 원복장자 막내딸이 아파서 다 죽어가니 전새남굿을 하고 있을 거다. 거기 나와 함께 가서 전새남굿이나 받아먹고 오자."

강림이 망설이다 그러겠다고 했다.

"어서 걸랑 그리 협주."

강림이 염라대왕을 따라 아랫녘에 내려갔다. 그곳에 가보니 허데기라는 큰심방이 홍포관대를 차리고 시왕맞이 굿을 하고 있었다. 심방이 올레에 와서 쌀을 조금씩 케우리며˚˚ 말했다.

˚ **인정** 신께 올리는 제물. "인정 주마, 사정 주마"에서 사정은 별 뜻이 없이 운을 맞추기 위해 사용한 말.

˚˚ **케우리며** 흩뿌리며

"저승왕도 어서 옵서, 저승차사도 옵서. 이원사자도 옵서." 모두 오라 하여도, 인간 강림이는 오라하지 않았다. 강림은 화가 났다. 그래서 강림이가 다시 홍삿줄을 내어놓아 굿을 하던 허데기란 심방을 탄탄하게 사문결박을 시켰다. 그러자 굿을 하던 심방이 새파랗게 죽어갔다.

외딸아기 살리려고 하는 굿에 심방이 먼저 죽어가니 굿판이 엉망이 되어버렸다. 그때 영리하고 똑똑한 신소미가 확하고 나서서 올레로 가 쌀을 훅훅하게 케우리며 말했다.

"이승사자 강림사자님도 살아옵서. 오리정 신청궤로 어서 옵서."

그제야 강림이가 흐뭇해져서 심방을 풀어주었다. 그러자 죽어가던 큰심방이 파릿파릿 살아났다.

그때 낸 법으로 시왕맞이 굿을 할 때는 시왕의 제상 밑에 사자상을 놓고 큰 시루떡을 쪄 올리게 되었다.

강림은 권하는 대로 술을 한두 잔 하다 보니 술이 흠뻑 취해버렸다. 만사가 태평이 되어 강림이 사자상 밑에 쓰러져 코를 드르렁드르렁 골았다. 얼마나 잤을까. 눈을 뜨고 보니 염라대왕이 온데간데없이 사라지고 없었다.

강림이 겁이 벌컥 나서 문밖으로 내달아보니 저만치서 조왕할망이 손을 치고 있었다.

"강림아, 염라대왕은 새로 변신하여 큰 대 꼭대기에 앗앙 이시난 큰 톱으로 대를 끊으면 알 도리가 있을 거여."

조왕할망 말을 듣고 큰 대를 바라보니 과연 새가 한 마리 앉아 있었다. 강림이 달려들어 큰 대를 끊으려 하니 염라대왕은 퍼뜩 내려오면서 강림의 팔목을 잡았다.

"강림아, 네 눈을 속일 수 없구나. 시왕맞이가 거의 끝나가니 네가 먼저 이승에 가 있으면 모레 사오시에 틀림없이 동헌 마당으로 내려가마."

"그러면 도장을 찍어주십서."

염라대왕이 강림의 적삼에 저승 글자 셋을 써주었다.

강림이 그것을 받아들고 내려오려고 하는데 어떻게 이승으로 가야 하는지 알 수가 없었다.

"염라대왕님, 올 때는 내 마음대로 왔수다마는 갈 때는 내 마음대로 갈 수가 없습니다. 길 인도를 해주십서."

염라대왕은 흰 강아지 한 마리를 내어주고 돌래떡* 셋을 겨드랑이에 품어주며 말했다.

---

* **돌래떡** 쌀로 둥그렇고 납작하게 만든 하얀 떡

"이 떡을 조금씩 끊어 주며 강셍이* 뒤를 따라가다 보면 알 도리 이실 거여."

강림은 강아지를 앞세워 뒤를 따랐다. 강아지가 싫증을 낼 때마다 겨드랑이의 떡을 조금씩 떼어주며 한참을 따라갔다. 그렇게 걸어가다 보니 행기못이 보였다. 앞장서서 가던 강아지가 행기못가에 이르자 강림의 목덜미를 물고 행기못으로 풍덩 빠졌다. 강림은 정신이 아찔했다. 마치 꿈을 꾸다가 깨듯이 눈을 번쩍 뜨고 보니 바로 이승에 와 있었다.

그때 낸 법으로, 사람이 죽으면 겨드랑이에 떡을 품어주고 묻는 것이다. 그리고 강림이 이승으로 돌아올 때 흰 강아지가 목덜미를 물었기 때문에 여자에게는 없으나 남자는 목덜미에 뼈가 튀어나오게 되었다.

강림이 이승에 내렸을 때는 어둑어둑 밤이었다. 이승임엔 틀림없는데 여기가 어느 지경인지 알 수가 없었다. 강림은 저승 갈 때 두고 간 큰각시 생각을 했다. 그래서 부인이 있는 집을 찾아가야겠다고 생각을 하며 발을 옮겼다. 여긴가 저긴가 찾고 찾아가다 보니 어느덧 캄캄한 밤이 되었다.

앞이 제대로 보이지 않아 휘청휘청 헤매고 있는데, 저만치 앞에 언뜻 불빛이 보이는 것 같았다. 불빛이 보이는 곳으로 가까이 다가가 보니 어떤 비조리 초막**에 불이 베롱하게 켜져 있었다.

"이 집은 누가 사는 집인지 모르키여마는 오늘밤엔 여기서 잠시 유숙하고 날이 밝으면 큰각시를 찾아가사키여"

비조리 초막 마당으로 한 발자국 들여놓았다. 두리번거리면서 주인장 계시냐고 입을 열려 하는데 안에서 한 여인이 밖으로 나왔다. 여인은 강림을 미처 못 보았으나 강림은 불빛에 드러난 여인의 얼굴을 보고 놀랐다. 바로 강림이 찾아 헤매던 부인이었던 것이다.

이 초막은 바로 강림이가 저승가기 전에 두고 온 큰 부인의 집이었다. 부인은 강림의 첫 제사를 막 끝내고 마당에 나와 음식물을 바깥으로 뿌리는 걸명잡식을 하면서 '훅' 하고 젯밥을 던졌다. 그러고는 모든 문을 다 든든하게 잠그고 안으로 들어가고 있었다.

한구석에 가만히 서 있던 강림이가 문을 두드렸다.

"문 열라, 문 열어. 나여 나."

• **강셍이** 강아지
•• **비조리 초막** 아주 작은 초가집

"예? 앞집 김서방이면 내일 아침에 옵서. 식게* 음식은 그때 드리쿠다. 뒷집의 이서방도 내일 옵서. 내일 오면, 식게 음식 드리쿠다."

"아이구, 이 사람아, 나라 나. 이녁 서방 강림이."

"그게 무슨 말이우꽈? 우리 서방님은 저승간 지 연 삼 년 되어수다. 오늘 막 첫 식게 끝냇수다."

이 날은 바로 강림이가 저승 갔다 삼 일을 살고 삼 일 만에 돌아온 날이었고, 강림이 각시는 이승에서 삼년상을 마치고, 남편의 첫 제사를 맞이해 막 제사를 끝내던 때였다. 그러니까 강림이 저승 갔다 삼 일 만에 돌아와서 보니 강림의 부인은 이승에서 초상, 소상, 대상 다 치르고, 삼 년이 돼 첫 제사를 끝내었던 것이다.

이리하여 저승의 하루는 이승의 일 년이라는 저승의 역법이 생겨났다.

강림의 부인이 외쳤다.

"내 낭군이 분명하면 창구멍으로 관대 섶이나 내 보입서."

강림이가 관대 옷섶을 창문 구멍으로 내 보였는데, 삼 년 동

---

* **식게** 제사

116

안 입고 다닌 것이라 본메본장으로 관대 섶에 한 쌈 놓아두었던 바늘이 모두 삭아서 바스락 하고 부서지는 것이었다.

"아이고, 우리 서방이 틀림 엇수다. 서방님, 어서 들어오십서."

부인이 강림의 손을 잡고 눈물을 흘렸다.

"무사 이제야 오십디가? 첫 식게가 넘엇수다. 낭군님아."

"무슨 말이오? 나는 저승에 간 지 삼 일 만에 돌아와신디. 그나저나 당신 덕에 이렇게 저승에 무사히 잘 다녀왔소."

강림이 부인을 껴안으며 기뻐했다.

"설운 각시야. 내가 어시난 어떵해냐?"

"아이구. 모른 소리 맙서. 있을 땐 하도 기생 첩년들만 데리고 다니멍 내 눈에 피눈물 나게 해서 저 서방 없느니만도 못하다고 원망해신디, 막상 어시난 한마음 한뜻인가 무슨 일을 해도 생각이 나서 행여나 돌아올까 올레 바깥으로 고개가 돌려집디다. 경해도 마음 모질게 먹으멍 살아감신디 앞집에 김서방도 귀찮게 시집오라 허고, 뒷집에 이서방도 귀찮게 시집오라 허니 소상이나 넘기면 재가허키여, 대상이나 넘기면 재가허키여 허멍 있던 것이 첫 식게까지 앚앙 이서집디다."

강림이 부인의 손을 잡았다.

"그러니, 열 각실 얻어봐도 큰각시만 못허구나."

시집가고 장가갈 때도 한 번 못 풀었던 열두 사랑을 그날 밤에 다 풀었구나. 그렇게 열두 사랑 다 풀다 보니, 어느새 동 새벽이 하얗게 밝아왔다.

이렇게 신 새벽이 밝으니 앞집 김서방이 찾아왔다. 엊저녁 강림이 첫제사 넘었으니 남은 음식이나 얻어먹자고 왔지만 속셈은 이제는 서방 첫제사도 지났으니 자기에게 시집오라고 다짐받으러 온 것이다. 뒷집 이서방도 날이 밝기만을 기다렸는지 새벽닭이 울자마자 주섬주섬 옷을 챙겨 입고 올레 안으로 들어섰다.

김서방이 강림이 큰각시 사는 집에 가서 보니, 문은 돌아가며 탄탄 잠겨 있었다.

'이거 이상한 일이로다. 밝기 전부터 일어나서 부지런히 나다니던 사람이 어째서 오늘은 아직까지 문을 다 잠가신고? 이건 아무래도 수상한 일이라.'

손가락에 침을 적셔 창구멍을 뚫어 가만히 눈을 쏘아보니, 머리는 두 개가 되는데, 몸은 하나가 되어 있었다.

"아이고, 강림이는 저승 간다 해놓고 낮엔 병풍 뒤에다 살림을 차리고, 밤이 오면 큰각시랑 한 이불 속에서 살림을 살고 이서신게. 원님한테 가서 고발해야키여."

뒤따라 들어오던 이서방도 문구멍으로 들여다보고는 김서방의 뒤를 따라갔다.

김서방과 이서방이 원님한테 달려가서 강림을 보았노라고 밀고를 하였다. 강림이 곧 원님 앞에 잡혀갔다.

큰칼을 씌운다, 자객놈을 부른다, 칼춤을 춘다, 앞밭에는 형틀을 걸고, 뒷밭엔 작두 걸어 강림을 죽이려 달려들었다.

강림은 사정을 했다.

"아이고. 원님. 사람 얘기나 들어봥 죽이든지 살리든지 허십서. 내일모레 사오시가 되면 염라대왕이 친히 동헌에 내려온다 허엿수다. 그때까지만 기다리당 일 분 일 초라도 늦어졍 저승 염라왕이 오지 않으민 나를 죽여도 좋습니다."

"어서 걸랑 그리 허자."

김치원님은 일단 기다려보기로 했다.

아닌 게 아니라 하루이틀이 지나 아침이 오고 사오시가 되니, 동쪽으로 검은 구름이 둥글둥글 떠 오고, 서쪽으로 검은 구름 둥굴둥굴 떠 왔다. 하늘이 캄캄해지는가 했더니 굵은 빗발 가는 빗발 엄신둠신 쏟아졌다. 삽시간에 동헌 마당에 장대비가 내리쳤다. 너른 목에 번개 치고, 좁은 목에 벼락 치니 모두 놀라 방구석 이불 속으로 숨어들었다.

염라대왕이 어느 새 내려왔는지 동헌마당 연단 위로 턱하고 올라섰다. 벼락 천둥이 치자 모두 다 달아나 동헌이 텅 비었는데 우두커니 서 있는 건 강림이었다. 강림이는 큰칼을 씌워버리니 뛰지도 기지도 못해 죽을 맛으로 서 있었던 것이다.

"강림아. 너 지금 뭘 하고 섰느냐?"

"아이고, 염라대왕님. 모르는 소리 맙서. 일 분 일 초만이라도 늦게 염라대왕님이 내려서시민 난 죽은 목숨이 되실거우다."

"제때 내려와시난 걱정 말라."

염라대왕이 작대기를 잡고 큰칼을 탁 치니 쩍 하고 둘로 갈라지며 떨어져나갔다.

"아이고, 이제사 살 것 닮다!"

강림이가 목을 쓰다듬으며 안도의 한숨을 쉬었다.

염라대왕은 동헌을 둘러보다 얼굴을 찌푸렸다.

"강림아, 저 집은 누가 지었느냐?"

"강태공서목시*가 지어수다."

"어서 강태공서목시를 불러라."

강림이 달려가서 강태공서목시를 불러오자 염라대왕이 추궁했다.

"너 저 집 지을 때 기둥은 몇 개를 세웠느냐?"

---

* **강태공서목시** 영등산의 덕이 있는 나무를 베어다 집을 짓는다고 하는 목수신

"스물네 기둥을 세웠습니다."

"그럼 네가 세운 기둥을 세다가 네가 세우지 않은 기둥이 나오면, 톱을 가져다가 잘라버려라."

강태공서목시가 이리저리 살펴보다가 아궁이에 있는 기둥을 보고 말했다.

"이건 내가 세운 기둥이 아니우다."

"그러냐? 대톱을 가져다가 끊어버려라."

톱을 가져다가 커다 보니 기둥에서 자주색 피가 벌컥하고 쏟아졌다. 무서워서 기둥으로 변신해 서 있던 김치원님의 손목에서 피가 쏟아진 것이다. 그때부터 집을 지을 때 상량식을 하려면 닭 모가지 끊어 네 귀에 피 묻히는 법도가 생겼다.

"원님, 나를 불러다놓고 거기 숨어서 뭐하자는 것입니까?"

그제야 김치원님이 발발 떨면서 동헌에 나가서 강림이 옆에 섰다.

"어째서 나를 청하였는지 자초지종이나 들어봅시다."

"아이고, 염라대왕님. 그게 아닙니다. 사실은 이러고저러고 하여 이 고을 과양생이가 아들 삼형제를 낳고, 아들 삼형제가 한날한시에 과거를 하고 돌아오는 날, 아들 삼형제 다 죽었으니 그 연유를 밝혀달라 하도 나를 볶아대니 염라왕님을 청하엿수다."

"그러면, 어서 가서 과양생이를 불러들이라."

얼굴도 못 내밀고 숨어서 보던 나졸들이 과양생이를 데리러
달려갔다.

과양생이 부부가 동헌에 불려왔다. 염라대왕은 과양생이를
노려보며 문초를 시작했다.

"너는 무슨 죄를 지은 일이 없느냐."

"아이고. 저는 죄란 건 아무런 죄도 지은 일이 없습니다."

"그래, 한날한시에 죽었다는 너희 아기들은 어디에 묻었느
냐?"

"앞밭에 임시로 묻어두엇수다."

"어서 가서 파보라."

가서 파보니, 아무것도 없었다.

"어느 것이 너희 아들들이냐?"

과양생이는 말문이 막혀 우두커니 있었다.

"너에게 정말 아무 죄도 없느냐."

"아이고. 이때까지 죄라는 건 하나도 지은 일이 없이 청이슬
먹고 살아왓수다."

과양생이가 아무 죄가 없다고 끝까지 우기는데 얼굴빛 하나
변하지 않았다. 염라대왕은 혀를 차면서 김치원님께 주천강 연
못의 물을 퍼내보라고 했다. 김치원님은 고을 사람들에게 모두

나오라고 기별하고는 연못의 물을 퍼내라고 명을 내렸다.

어른 아이 막론하고 마을 사람들이 거리로 모여들기 시작했다. 물바가지를 들고 나온 사람들이 주천강 연내못을 퍼내기 시작했다. 그런데 연못물은 퍼내봐도 다시 올라오고, 퍼내봐도 다시 올라왔다. 마을 사람들은 더 이상 못하겠다고 바가지를 집어 던져버렸다.

그러자 염라대왕은 송악나무 막대기를 내놓아 물을 한 번 탁하고 후려치니 물은 저절로 바짝 말라버렸다. 다들 달려들어 물 아래를 살펴보는데 사람 뼈들이 눈에 들어오는 게 아닌가. 동경국 버무왕 아들 삼형제가 죽어서 좋은 살은 썩어 시냇물에 흘러버리고 뼈만 살그랭이 남아 있었던 것이다.

염라대왕은 뼈들을 모아놓고 송악나무 막대기로 세 번 쳤다. 그러자 삼형제가 와들랑하고 일어났다.

"봄잠이라 길게 자신게."

사람들이 놀라 입을 다물지 못했다.

염라대왕이 과양생이에게 물었다.

"이것이 너의 아들 삼형제냐?"

"예, 우리 아들 삼형제와 똑같이 생겨수다."

이 말을 들은 삼형제가 활 받아라 칼 받아라 죽일 듯이 달려들었다.

"이 여자가 우릴 죽영 주천강 연내못에 던져부럿수다."

사람들이 웅성이기 시작했다.

사람들이 과양생이 주변으로 몰려서서 손가락질하고 염라대왕도 눈을 부릅뜨자 그제야 과양생이는 남편 손을 잡고 부들부들 떨었다.

염라대왕이 삼형제를 진정시키며 말했다.

"설운 아기들아, 물 아래 누워 얼마나 고생하였느냐? 이제라도 보고픈 부모 찾아가려무나. 원수는 내가 갚아주마."

염라대왕은 버무왕 아들 삼형제를 보내놓고는 소 아홉 마리를 끌어오도록 했다. 염라대왕은 과양생이 부부의 팔 다리를 소 아홉 마리에 묶게 하고 사방으로 몰았다. 그러자 부부의 몸이 아홉 조각으로 찢겨져 나갔다.

찢어지다 남은 것은 방아에 넣도록 했다. 그러고는 동네에 열일곱 열여덟 난 힘 좋은 청비바리 아기씨들 오라 하여 닥닥 부수게 했다. 염라대왕이 가루가 된 것들을 손에 올려놓고 바람에 후하고 불려버리니 모기와 각다귀로 환생하여 사방으로 날아갔다.

그때부터 모기들은 여름이 되면 귀에 와서 '과양과양 아이구, 나 죽어갈 때 아무도 말려주지 안앗저' 하며 사람들에게 달려들게 되었다.

　이렇게 일을 해결해놓고 염라대왕이 김치원님께 말했다.

　"원님. 원님. 강림이가 이리 영리하고 똑똑하니 강림인 나를 주시오. 나 저승에 데려가 일 시키게."

　김치원님이 손사래를 치며 거절했다.

　"안 됩니다. 여기에 똑똑헌 강림이가 꼭 있어야 헙니다."

　"흠."

　잠시 생각하던 염라대왕이 제안했다.

　"그리 말고 원님과 나, 하나씩 나눠 가지는 게 어떻소?"

　원님이 고개를 갸우뚱했다.

　"어떻게 사람을 둘로 나눌 수 있단 말이우꽈?"

　"육신과 혼으로 나누면 되오. 원님은 육신을 갖겠소? 아니면 혼을 가지겠소?"

　원님은 궁리하다가 대답했다.

　"염라대왕님은 혼을 가집서. 나는 강림의 몸을 가지쿠다."

　김치원님은 아무래도 육신이 있어야 일을 시킬 수 있으리라 생각한 것이다.

　"어서 걸랑 그리 하자."

　염라대왕은 좋아하며 즉시 강림의 혼을 빼내어 저승으로 데려가버렸다.

염라대왕이 강림의 혼을 빼 저승으로 가져가버리자 강림이
는 육신만 남아 연단 위에 우두커니 서 있었다. 김치원님이 강
림에게 물었다.

"저승길은 어떵해냐? 저승 갔다 온 말이나 들어보자."

강림이는 아무 대답도 하지 않았다. 이리 말해도 잠잠, 저리
말해도 잠잠하기만 했다. 이렇다 저렇다 말이 없으니 원님은 부
아가 났다.

"저것 봐라. 강림이가 저승 다녀 왔댄 거드름 피우멍 대답도
안 헴저. 내가 말하는 게 말 같지 않은 모양이라. 오그랑작대기
가져왕 확하고 떠밀어 불라."

아래 관장이 작대기를 들고 와서 툭하고 강림을 건드리니, 강
림이 해뜰락이* 그 자리에 쓰러지고 말았다.

"아이고!"

사람들이 놀라 달려들어 보니 쓰러진 강림이 코로도 입으로
도 쉬파리만 웽웽 날고 있었다.

* **해뜰락이** 거칠 것 없이 뒤로 벌렁 나자빠지는 꼴

126

이때, 강림의 부인은 남편이 돌아왔으니 백발이 될 때까지 백년해로하며 오래오래 같이 살 수 있을 것이라 생각하면서 기다리고 있는데 난데없는 부고가 날아들었다. 강림이 죽었다는 것이다.

"아이고. 이거 무슨 일이라. 저승에서도 무사히 살아온 서방이 갑자기 죽었다니?"

부인은 동헌 마당으로 달려갔다. 가서 보니, 아닌 게 아니라 강림은 벌써 죽어 시신에 쉬파리만 날리고 있었다.

"이게 어떤 일이우꽈. 아이고, 어떤 판서가 우리 낭군 죽여수과? 어떤 사또가 우리 낭군 죽여수과?"

강림의 부인이 하도 원통하여 원님에게 달려들어 가슴을 마구 쥐어뜯다 보니 원님도 파랗게 죽어갔다. 그때부터 사람을 죽인 데에 대살법(代殺法)이 생겨났다.

강림은 저승에 가서 염라대왕의 사자로 일을 하게 되었다. 하루는 염라대왕이 분부를 내렸다.

"야, 강림아, 강림아. 내가 적패지를 내어줄 테니, 적패지를 가지고 인간세상에 가서 백 살 먹은 하르방, 백 살 먹은 할망부터 차례대로 어서 데려오너라."

"어서 걸랑 그리 헙서."

강림이 적패지는 품에 품고 관장패는 등에 지고 소곡소곡 내려오고 있는데, 일곱 까마귀가 강굴락깍 강굴락깍 울어대며 따라왔다.

"강림차사님, 이승에 다녀올 일이면 저희가 대신 다녀오쿠다. 그 적패지 우리에게 주십서."

까마귀가 하도 강굴강굴 울어대며 떼를 쓰니 강림의 마음이 흔들렸다. 그렇지 않아도 다리가 아픈데 까마귀들이 대신 일을 하고 돌아올 동안 쉬는 것도 좋을 듯했다.

"그러면 너희가 이걸 가지고 이승에 다녀오라."

강림이 적패지를 내어주었다. 일곱 까마귀는 적패지를 날개에 끼워넣고 이승을 향해 파닥파닥 날아갔다. 이승에 도착하여 날아가다 보니, 어느 백정이 밭에서 말을 잡고 있는 것이 보였다.

"먼 길 오다 보니 목이 마르다. 우리 말피나 한 모금씩 얻어먹엉 가게."

까마귀들이 담 우에 가 빙 둘러 오똑오똑 앉았는데, 한참 기다리고 있어도 일이 끝나지 않았다. 까마귀는 기다리다 지쳐 서두르라고 까옥까옥 울었다.

"이놈의 까마귀가 무사 이추룩 시끄럽게 햄시냐?"

말을 잡던 백정이 말발굽을 끊어서 훅하고 던지자 까마귀들은 퍼딱 날아올랐다. 그러자 앞날개에 끼워두었던 적패지가 아

래로 탁하고 떨어져버렸다.

"이게 뭐고?"

백정이 그걸 주워서 칼을 쓱싹 닦아내고 나서 휙하니 담구멍으로 던졌다. 그때 마침 담구멍에 있던 뱀이 적패지를 받아 움찍 삼키고는 쏙하니 들어가버렸다.

그때부터 뱀은 아홉 번 죽었다가도 허물을 벗으면서 열 번 다시 살아나는 법이다.

까마귀는 적패지를 아무리 찾아봐도 찾을 수가 없었다. 방금 떨어뜨렸는데 없으니 귀신이 곡할 노릇이었다. 옆을 보니 솔개가 한 마리 앉아 있었다. 까마귀는 솔개가 훔친 것이 틀림없다고 생각했다.

"내 적패지 내놔라, 까옥."

솔개가 화를 냈다.

"아니 보앗저. 삥고로록."

까마귀와 솔개는 날개를 파닥이며 한참 다투었다. 그래서 지금까지도 까마귀와 솔개가 서로 만나면 까옥까옥 삥고로록삥고로록 하면서 다투는 것이다.

까마귀는 솔개와 한참 다투다가 이젠 아무렇게라도 전달하고 오는 수밖에 없다고 생각했다. 그래서 무턱대고 사람 사는 곳으로 날아가서 되는 대로 외쳐댔다.

어른 갈 데 아이 가십서, 까옥.

부모 갈 데 자식 가십서, 까옥.

자식 갈 데 부모 가십서, 까옥.

자손 갈 데 조상 가십서, 까옥.

조상 갈 데 자손 가십서, 까옥.

이렇게 되는 대로 말해버렸기 때문에 사람은 누구나 순서 없이 죽어 저승으로 가게 되었던 것이다.

까마귀가 동쪽으로 돌아앉아 강골강골 울고 서쪽으로 돌아앉아 강골강골 울고 있자니, 열일곱쯤 되는 청비바리 아기씨가 물허벅을 지고 물 길러 왔다.

까마귀가 아기씨한테 말했다.

"아이고. 아기씨가 곱기도 곱다. 아기씨, 우리랑 벗해서 저승에 가게."

아기씨가 질겁을 했다.

"아이구. 무사 나에게 가자고 햄수과? 그리 말고 우리 집에 가보민 백 살 먹은 할아버지도 있고, 백 살 먹은 할머니도 이시난 우리 할아버지 할머닐 데령 갑서."

아기씨가 집으로 달려가 할머니 할아버지께 말했다.

"할아버지 할머니 나 대신 저승 갑서"

할머니 할아버지가 돌아앉았다.

"아이고. 난 싫다. 더 살당 가키여."

아무도 아니 가겠다고 하니 아기씨가 쉰댓 자 감태머리를 빗어간다 빗어간다 하면서 울었다. 그러자 일곱 까마귀가 달려들어 아기씨의 혼을 빼내고는 저승 초군문으로 들어가버렸다.

하루는 염라대왕님이 하도 심심하여 저승 초군문에 나와서 둘러보니, 웬 아기씨가 열 손가락으로 눈을 덮고 비새같이 울고 있었다.

"애야. 넌 누구냐. 얼굴을 보니, 아직 어린 비바리구나. 왜 여기서 울고 있느냐?"

아기씨가 울면서 대답했다.

"일곱 까마귀가 날 잡아오랏수다."

염라대왕이 화들짝 놀라 강림을 불렀다.

"아이구. 강림아, 큰일 낫져. 어째서 백 살 난 하르방, 할망을 차례대로 데려오랜 해신디, 새파란 청비바릴 데려 와시냐?"

"염라대왕님, 사실은 내가 적패지를 가지고 가고 이신디, 일곱 까마귀가 적패지를 저들에게 주면 날아갔다 오겠다고 하도 조르기에 줘신디 이 사단이 낫수다."

"어서 까마귀를 잡아들여라."

까마귀 일곱 마리가 잡혀왔다. 하도 부화가 나니 듣지도 묻지도 않고 염라대왕이 까마귀의 귀를 잡고 둘러매어쳤다. 그러자 까마귀 귀가 오끗* 빠져버렸다. 그래도 부화가 나서 송악나무

---

* **오끗** 고스란히

막대기로 다리도 때리고, 대가리도 때리고, 어디고 잡히는 대로 하도 때리다 보니 까마귀는 맷독이 올라 새카맣게 변해버렸다. 거기에다 다리도 하도 많이 맞아놓으니 바로 걷지 못하고 앙글주침 앙글주침 하며 걷게 되었다.

그때부터 사람들은 시꺼먼 까마귀가 날아와 울면, 반 차사가 왔다고 하면서 불안해서 고개를 돌렸다.

한 번은 염라대왕이 수명이 다 된 동방삭을 잡아오지 못해서 시름에 빠져 있었다. 그래서 강림을 불러 말했다.

"동방삭을 잡아오라고 아이 차사를 보내면 어른이 되고, 어른 차사를 보내면 아이가 되어도 잡아오질 못하니 어쩐 일이냐? 네가 가서 동방삭을 잡아온다면 한 달을 쉬게 해주마."

"어서 걸랑 그리 허십서."

염라대왕의 분부를 받고 강림은 묘책을 생각해냈다. 이승으로 내려온 강림은 숯을 몇 말 얻어왔다. 그러고는 가장 사람의 왕래가 많은 길가 시냇물에 담그고는 바드득바드득 씻기 시작했다.

며칠간을 계속 씻고 있었더니 어떤 건장한 사내가 지나가다 물었다.

"넌 어째서 숯을 씻고 있느냐?"

"다름이 아니라 검은 숯을 백 일만 씻으면 하얀 숯이 된다는 얘기를 들엇수다. 그 하얀 숯이 백 가지 약이 된다 허연 씻고 있는 것입주."

"이놈아, 나 동방삭이가 삼천 년을 살아도 그런 말은 들어본 적이 없다."

강림이 손뼉을 쳤다.

"옳지, 요놈이 동방삭이로구나! 내가 바로 강림이여."

강림차사는 날쌔게 달려들어 동방삭을 밧줄로 묶었다.

동방삭이 한탄을 했다.

"어떤 차사가 와도 나를 잡아가지 못해신디, 삼천 년을 살다 보니 이제 강림의 손에 잡혀가는구나!"

동방삭은 체념하고 순순히 따라갔다. 강림이 염라대왕에게 동방삭을 잡아갔더니 크게 기뻐하며 말했다.

"강림이 이리 똑똑하고 영리하니 이제부터 사람 잡아오는 인간차사로 들어서라."

그때부터 강림은 사람 잡아가는 인간차사가 되었다.

큰굿 '시왕맞이'의 한 제차인 차사본풀이

차사본풀이는 강림차사에 관한 이야기이다. 차사는 염라대왕의 명을 받들어 수명이 다된 사람의 혼을 데리고 가는 저승의 사자이다. 염라대왕의 사자인 강림차사에 대한 이야기를 큰굿의 '시왕맞이' 때 심방이 장구를 치면서 장단에 맞추어 구절구절 풀어낸다. 이렇게 강림차사신화를 노래하면서 죽은 이의 혼령을 구박하지 말고 저승까지 고이 데려가주도록 비는 것이다.

'시왕맞이'는 저승을 관장하는 시왕[十王]을 맞아들여 기원하는 굿으로, 중환자의 병을 치료하거나 죽은 영혼이 이승에서 지은 죄의 값을 용서받고 저승의 좋은 곳으로 갈 수 있도록 하기 위하여 열린다. 저승에 있는 시왕은 인간들의 명부를 가지고 있어 사람의 수명이 다하면 차사를 시켜 잡아오게 하고, 살아 있을 때 저지른 업보에 따라 지옥이나 극락으로 보낸다고 한다.

그래서 집안에 중환자가 생기면 시왕이 데려가려 한다고 생각하여 시왕맞이 굿을 하면서 수명을 연장하여 주도록 비는 것이다. 그리고 이미 죽은 조상의 경우에는 그 죄를 용서해주어 좋은 곳으로 가게 해달라고 기원한다.

시왕맞이 제차 중 '액막이'에서는 차사를 잘 대접하면서, 사람 목숨 대신 닭을 잡아가도록 닭을 죽여 던진다. 이렇게 시왕맞이 굿을 하면서 환자의 혼백을 데려가지 말라고, 혹은 데려가더라도 부디 좋은 곳으로 보내달라고 저승사자를 정성으로 대접했던 것이다.

강림차사 이야기 속에 드러난 죽음에 대한 관념

인간이 물질의 일부라면, 사람은 죽음과 동시에 육신은 썩어 분해되고 정신도 같이 소멸하게 될 것이다. 하지만 우리 조상들은 육신은 썩어 없어지더라도 영혼은 살아남아 사후의 세계로 이어진다고 생각했다. 사람이 죽으면 육신을 이승에 남겨두고 혼백은 저승으로 간다는 것이다. 명이 다한 사람이 있으면 저승에 있는 염라대왕이 저승사자를 시켜서 그 혼을 데려간다는 것이다.

영혼이 사후의 세계로 이어진다 할지라도 우리 인간은 살아서 그 세상을 겪을 수 없다. 그런데 제주신화에서는 살아서 저승에 다녀온 인물이 있다. 바로 강림이다. 산 사람인 강림이 저승에 다녀오면서 겪은 이야기가 바로 차사본풀이이다. 그래서 차사본풀이 속에는 제주 사람들의 사후세계에 대한 관념이 잘 드러나 있다. 더불어 제사와 장례 풍습 등에 대한 것들도 신화적 상상력으로 재미있게 그려져 있다.

심방이 죽으면 삼시왕이 있는 하늘나라 삼천천제석궁에 가고, 사람이 죽으면 시왕이 있는 저승으로 간다고 한다. 그런데 사람이 죽어 저승에 가는 것은 사람의 혼백이고, 사람의 몸은 이승에 남아 땅에 묻히고 썩어 한 줌의 흙으로 돌아가는 것이다. 차사본풀이에서는 혼백만 저승으로 가게 된 연유가 강림과 관련이 있다고 얘기하고 있다.

염라대왕이 김치원님에게 똑똑한 강림을 저승으로 데려가겠다고 하면서 반씩 나눠 가지자고 했다. 그래서 김치원님은 강림의 육신을 가지겠다고 대답한다. 이에 염라대왕은 잘되었다고 좋아하며 강림의 혼을 빼내 저승으로 데려가버렸다.

육신만 남은 강림은 말 그대로 시체가 되어 쓰러졌다. 이리하여 사람이 죽으면 혼백만 저승으로 가고 육신은 이승에 남아 있게 되었다고 한다. 혼백이 빠져나가버린 육신은 죽은 몸인 시신으로 이승에 남아 자연으로 돌아가게 되는 것이다.

그런데 죽어서 저승에 갈 때 나이에 따라 차례대로 가지 않는 게 현실세계의 모습이다. 어떤 사람은 태어나서 며칠 살아보지도 못했는데 죽음을 맞이하기도 하고, 어떤 이는 한창 젊은 나이에 생을 마감하기도 한다. 그런가 하면 손자 손녀가 자라는 걸 보면서 백 살까지 장수하는 사람도 있다. 이러한 어지러운 세상사에 대하여 차사본풀이는 뭐라고 그 이유를 풀어내고 있을까?

이는 강림이 대신 적패지를 가지고 왔다가 잃어버리고 되는 대로 혼을 불러버린 까마귀 때문이라고 얘기하고 있다. 까마귀가 되는 대로 혼을 불러버렸기 때문에 사람은 누구나 순서 없이 죽어 가게 되었다고 한다. 똑똑하고 영리하다는 강림의 안일함과 까마귀의 실수로 사람은 언제 죽을지 모르는 현실을 떠안게 되었다는 이야기이다. 그래서 날 때는 순서가 있지만 죽을 때는 순서가 없다는 말을 하게 된 것이다.

적패지는 인간의 수명을 적은 저승문서로 일종의 사망통지서라고 할 수 있다. 이승에 있는 사람이 수명이 다 되어서 저승의 명부에 올라가면 저승차사가 데리러 이승으로 내려온다. 저승차사는 데려갈 사람의 집으로 가서 적패지를 대문에 딱 붙이고 나서 이름을 세 번 부른다고 한다. 그러면 혼이 나와서 차사를 따라 저승으로 간다는 것이다.

우리 조상들은 죄를 많이 지은 사람은 저승에서도 어느 한곳에 머물지 못하고 떠돌아다닌다고 생각했다. 그러한 관념은 차사본풀이에도 몇 군데 나온다. 강림이 저승으로 갈 때, 행기못에 이르니 저승에도 못 가고 이승에도 못 온 영혼들이 들끓고 있는 것을 본다. 그들은 강림에게 몰려들어 자신들을 데려가달라고 졸랐다. 그러다가 강림이 떡을 꺼내 자잘하게 부수고 뿌려대자 그걸 먹으려고 흩어진다. 그들은 이승에 있을 때 저지른 죗값이 커서 어디에도 머물지 못하는 배고픈 영혼들인 것이다.

사람들은 만일 자신의 조상이 저승의 좋은 곳으로 가지 못하고 구천을 떠돌면 후손들의 삶도 잘 풀리지 않을 것이라 생각했다. 그래서 자손들은 전해 내려오는 풍습에 따라 장례를 치르면서 조상의 영혼이 저승길을 잘 찾아갈 수 있도록 빌었다. 그리고 '시왕맞이' 굿을 하고 강림차사를 대접하면서 조상의 영혼

시왕맞이 굿을 하는 심방이 적패지를 등에 붙인 모습　　굿을 할 때 사용하는 적패지

이 저승의 좋은 곳으로 갈 수 있게 해달라고 기원하기도 했다.

　이러한 죽음 이후의 세계에 대한 관념은 산 사람이 어떻게 세상을 살아야 하는지에 대한 지침이기도 하다. 죄를 지으면 죽어서도 한곳에 머무르지 못하고 구천을 떠돌게 될 뿐만 아니라 후손들의 일도 제대로 풀리지 않기 때문에 살아 있을 때 제대로 잘 사는 것이 중요하다는 것이다.

최고의 악녀 과양생이

제주신화 속에는 불쌍한 이를 괴롭히는 악한 인물들이 등장한다. 초공본풀이의 삼천선비들이나 이공본풀이의 재인장자와 자식들, 삼공본풀이의 은장아기와 놋장아기, 세경본풀이의 정수남이, 문전본풀이의 노일제대귀일의 딸 등이 그런 인물이다. 이들 중에서 가장 욕심이 많고, 아무렇지도 않게 사람을 해치면서 전혀 죄책감을 느끼지 않는 이는 차사본풀이에 나오는 과양생이일 것이다. 그런 점에서 과양생이는 제주신화에 나오는 인물들 중 최고의 악녀라고 하는 이도 있다.

'과양생이'가 살고 있는 곳은 이름에도 나와 있듯이 광양(壙陽) 땅이다. 버무왕의 아들들이 동개남절에 가려면 반드시 거쳐가야 하는 곳이다. 동개남절은 동관음사의 제주말로 한라산 기슭에 자리하고 있다.

예로부터 제주에는 산이나 오름을 하늘나라에 이르는 성지로 보았다. 특히 섬 가운데 우뚝 솟은 한라산은 신들이 솟아난 영산이라 했다. 그래서 한라산 기슭에 자리한 동개남절은 버무왕 아들들의 수명을 늘려줄 성지로 설정되고 있다.

그런데 한라산 기슭 동개남절에 이르려면 반드시 과양 땅을 거쳐가야 한다. 하지만 과양 땅은 삼형제를 위기에 빠뜨릴 수

부처님을 만나러 올라가는 한라산 관음사 길

있는 고난의 장소이다. 실제 과양 땅은 탐라건국신화와 관련 있는 삼성혈 바로 옆에 위치한 곳으로 무척 가파른 동산 위에 있다. 예전에는 이곳을 '과양동산' 또는 '고산동산'이라 불렀다. 이렇게 가파르고 높은 곳에 위치한 과양 땅을 힘겹게 오르고 거처가 야 동개남절로 갈 수 있었던 것이다.

이 과양 땅에 살고 있는 악녀인 과양생이는 욕심이 많아 그 욕심을 채우기 위해서는 무슨 일이든지 하였다. 그녀는 버무왕의 아들 삼형제가 가진 비단이 탐이 나자, 아들 삼형제의 귀에 끓인 참기름을 부어 죽여버리고, 시신에 돌덩이를 매달아 주천

한라산 기슭에 자리한 관음사. 신화에서는 성지로 소개된다

강 연내못에 수장시켜버린다. 아무런 죄가 없는 사람을 죽이고도 죄책감이라곤 없었다.

이렇게 잔인한 과양생이도 자기 자식은 애지중지하였다. 그녀는 자신의 아들 삼형제가 과거에 급제하고 돌아왔는데, 다른 집 자손이 과거 급제한 줄 알고 모가지가 꺾여 죽어버리라고 악담을 퍼붓는다. 이 말이 씨가 되어 과거에 급제하고 돌아온 아들들이 절을 하다가 목이 꺾이며 그대로 죽어버린다.

자신의 죄업으로 인해 이런 일들이 벌어졌지만 과양생이는 그저 억울하기만 해서 김치원님에게 달려가 왜 일이 이렇게 되었는지 알아내라고 막무가내로 생떼를 쓴다. 결국 이승으로 온 염라대왕에게 모든 죄상이 밝혀져 갈가리 찢겨 죽음을 맞이하게 된다. 찢기다 남은 시신은 닥닥 빻아 날려버리니 각다귀와 모기가 되어 날아갔다. 살아생전 남의 피를 빨아먹으며 살았던 과양생이가 죽어서도 피를 빨아먹으려 달려드는 모기가 되었다는 대목은 그녀의 그악스러운 성품을 더욱 실감나게 한다.

신화 속에서 과양생이는 최고의 악녀로서 그 모습을 유감없이 보여주고 있다. 죄 없는 사람을 아무렇지도 않게 죽여버리기. 뭔가 잘되는 사람을 보면 끔찍한 악담 퍼붓기. 탐이 나는 것을 보면 그악스럽게 빼앗아 가기. 자기 것을 잃었을 때에는 원님이고 뭐고 가리지 않고 달려들어 생떼를 쓰기. 이렇게 악을 행함에 있어 거침이 없고 자기의 것이 없어졌을 때는 막무가내로 따지고 드는 모습에 웃음이 나오기까지 한다.

과양생이의 이러한 모습은 심청전에 나오는 뺑덕어미 뺨칠 정도이다. 뺑덕어미는 생동감 넘치는 개성으로 '수다스럽고 심술궂게 생긴 여자를 얕잡아 이르는 말'이라는 풀이와 함께 여러 속담까지 만들어내고 있다. 과양생이 역시 '그악스럽고 욕심이 많으며 잔인한 악녀'의 대표명사로 자리매김하지 않을까 생각될 정도이다.

과양생이는 신화 속에 등장하는 최고의 악녀이지만 요즈음 인간의 잔인한 범죄와 가진 자의 갑질 행태를 보면 그녀가 단지 신화 속의 악녀이기만 한 것은 아니라는 생각도 들며, 과양생이 또한 현실 속의 인간세태를 반영한 인물로 보인다. 그러니 염라대왕이 과양생이의 죄상을 낱낱이 밝히고, 남편과 함께 사지육신을 갈가리 찢어 죄업의 대가를 치르게 함으로써 사람들로 하여금 경계를 삼았다 할 수 있다.

똑똑하고 당찬 강림의 부인

과양생이가 최고의 악녀라고 한다면, 강림의 부인은 지혜롭고 당차고 야무진 여성의 대표이다. 강림은 지혜롭고 야무진 여인을 부인으로 둔 덕에 죽어야만 갈 수 있다는 저승을 산 사람으로 다녀올 수 있었다. 강림이 부인이 평소 집에서 조왕할망과 문전하르방을 잘 모시고 집안의 대소사를 치르면서 쌓아올린 덕이 있어서라고 신화는 말하고 있다.

남편에게 박대를 받으면서도 부지런히 일하여 재산을 일구고 집안의 대소사를 챙기면서 살아온 강림의 부인! 남편이 위기에 처했을 때 남편을 무사히 저승에 다녀오도록 한 강림의 부인은 야무지고 당찬 제주 여인의 전형을 보여주고 있다. 하지만 현실 속 그네들의 삶은 더욱 고되었다. 강하고 야무지고 지혜롭다는 이야기는 고된 삶을 살아야 했던 제주 여인의 굴곡진 삶을 표현하는 말이기도 할 것이다.

바람 많고 여자 많고 돌이 많다는 삼다(三多)의 섬 제주! 거센 바람과 태풍이 수시로 강타하고 밭에는 돌들이 지천으로 깔려 있어 농사짓기에 척박한 땅 제주에 여자가 많다는 것은, 여성들이 주도적으로 그 척박한 땅과 거친 바다를 일구면서 삶을 이어갔다는 것을 의미한다.

여기에 그치지 않고 조상 제사와 집안의 크고 작은 일들을 챙기는 것 또한 여자들 몫이었다. 제주에서는 조상께 제사를 올리는 것을 특히 중요하게 생각했기에 제사 명절과 집안의 대소사를 모두 돌봐야 하는 여자의 일은 쉽지 않았을 것이다. 그러다 보니 제주의 여자들은 강인함과 알뜰함이 몸에 배어 생활력이 유난히 강하다는 말을 듣게 되었던 것이다.

베지근ㅎ다 : 고소하고 기름지다

예시　궤기국이 베지근헌게. → 고깃국이 기름지고 고소하네.

드리싸다 : 들이켜다

예시　막걸리 경 드리싸당 취허민 어떵 헐꺼라?

→ 막걸리 그렇게 들이켜다 취하면 어떻게 할 거니?

쪼락지다 : 떫다

예시　감 탕 먹엇단 막 쪼라완 던져부러시네.

→ 감 따서 먹었다가 떫어서 던져버렸어.

물락허다 : 물컹하다

예시　감이 너무 익어부난 물락헌게 먹지 못허커란게.

→ 감이 너무 익어서 물컹한 것이 먹지 못하겠더라고.

돌코롬허다 : 달콤하다

예시　돌크롬헌 거 너미 좋아햄저. → 달콤한 것을 너무 좋아하네.

틈재우다 : 뜸 들이다

예시　밥 헐 땐 틈재워사 헌다. → 밥 할 때는 뜸 들여야 한다.

코싱ㅎ다 : 고소하다

예시　참지름이 막 코싱ㅎ다. → 참기름이 아주 고소하다.

닐크랑ㅎ다 : 느끼하다

예시　지름이 둥둥 떠다니난 닐크랑허연 목 먹컨게.

→ 기름이 둥둥 떠다니니 느끼해서 못 먹겠어.

할르다 : 혀로 빨다

예시　그만 할르라. 밥사말 구멍 나키여. → 그만 빨아라. 밥그릇 구멍 나겠다.

산도록허다 : 조금 차거나 선선한 느낌이 있다

예시　냉국이 산도록허고 맛좋은게. → 냉국이 시원해서 맛좋네.

3장

새로 환생한 지장 아기씨

지장 아기씨는 부부가 늦게까지 아기가 없어 영험 있는 절에 가서 정성을 드린 후 태어난 귀한 딸아기이다. 그런데 이렇게 귀하게 태어난 아기씨가 세상에서 가장 불운한 여인이 되었다. 지장 아기씨는 자신으로 인해 세상을 뜨게 된 사람들을 위해 정성으로 전새남굿을 해주었다. 그런데 이렇게 착하고도 불운한 아기씨가 죽어서 사람들에게 온갖 흉험을 주는 새로 환생하였다.

지장본풀이

옛날 옛적 남산국과 여산국이 부부가 되어 살았다. 이들은 원앙새처럼 사이가 좋았으나 나이 사십이 다 되도록 자식이 없어 나날이 한숨이 깊어졌다.

하루는 스님이 시주를 받으러 왔기에 자식이 없어 걱정인데 방법이 없겠냐고 물어보았다. 그러자 스님은 부부에게 절에 가서 기자불공을 드려보라고 했다.

부부는 수덕 좋고 영험 있는 절을 알아보았다. 동관음 은중절, 서관음 금백당이 수덕 좋고 영험이 있다고들 했다. 그래서 송낙지 구만 장에 가사지도 구만 장, 대백미 일천 석, 중백미 일천 석, 소백미 일천 석을 갖추어 동관음 은중절에서 정성으로 불공을 드렸다.

그로부터 여산국에게 태기가 있더니 어여쁜 아기씨가 태어났다. 부부는 '지장아기'라 이름을 지어주고 애지중지 키웠다. 지장아기는 한 살이 나던 해 어머님 무릎에 앉아서 어리광을 부리고, 두 살이 나던 해 아버지 무릎에 앉아서 어리광을 부리고, 세 살이 나던 해 할머니 할아버지 무릎에 앉아 어리광을 부리며 무럭무럭 자랐다.

이렇게 넘치는 사랑을 받던 지장 아기씨가 네 살이 되던 해에 할머니 할아버지가 갑자기 돌아가셨다. 그리고 다섯 살 나던 해에 아버지가 돌아가시고 여섯 살 나던 해에 어머니마저 오도독기 세상을 뜨고 말았다.

어린 나이에 부모를 다 잃고 고아가 된 지장 아기씨는 눈물을 흘리다가 이웃에 있는 외삼촌댁으로 갔다. 외삼촌은 지장 아기씨를 마지못해 집 안에 들이고는 온갖 궂은일을 시키면서 끼니 때가 되면 개밥그릇에 보리밥을 한 주걱 담아 던져주었다.

외삼촌은 온갖 구박에 궂은일을 시키면서도 나중에는 보리밥 한 덩이 주는 것도 아까워하더니, 더 이상 거두어줄 형편이 안 된다면서 거리로 내쫓고 말았다.

찬바람이 부는 길거리로 쫓겨난 지장 아기씨는 눈물을 흘렸다. 어머니 살았을 적 그리 살갑게 대해주던 외삼촌이었는데 고아가 되니 이리도 무정하구나 신세 한탄을 하였다.

지장 아기씨는 이 동네 저 동네 떠돌아다니며 날품팔이로 얻어먹는 신세가 되었다. 궂은일을 해주고 밥 한 덩이 얻어먹고 밤이 되면 그 집 헛간에서 잠을 청했다.

아기씨가 오돌오돌 떨면서 잠을 청하면 하늘옥황에서 부엉새가 내려와 날개로 덮어주었다. 밥 한 술 얻어먹지 못하고 허기져 쓰러져 있으면 부엉새가 어디선가 먹을 것을 구해다 입에 넣어주었다.

지장 아기씨가 얼굴만 고운 것이 아니라 마음도 착하고 부지런하다는 소문이 동서사방으로 퍼져나갔다. 지장 아기씨 나이 열다섯이 되면서 여기저기서 혼담이 들어왔다. 어느 부잣집에서 혼담이 들어와 신랑 될 사람과 아기씨의 궁합을 보니 잘 맞았다.

시댁에서 혼인문서 예장과 함께 많은 재물도 같이 보내왔다. 시집가는 날 지장 아기씨는 신랑의 얼굴을 처음 보았는데, 인정 많고 착하게 생겨서 마음에 들었다. 신랑도 지장 아기씨를 아껴, 둘은 금슬 좋게 잘 살았다.

지장 아기씨는 살림 잘하기로 소문이 났다. 시집에서 차려준 신혼살림은 밭을 사고 소와 말을 사는 데 부족함이 없었다. 열다섯 어린 새각시 지장 아기씨는 행복하였다.

그런데 그 행복은 오래 가지 못했다. 시집 간 지 일 년 만에 시할머니와 시할아버지가 갑자기 세상을 떴다. 그것을 시작으로 그다음 해에는 시아버지가, 또 그다음 해에는 시어머니가 차례로 세상을 떴다. 여기서 그치지 않고 열아홉이 되던 해에는 사랑하는 낭군님마저도 오도독기 죽고 말았다.

지장 아기씨는 몸부림치며 신세한탄을 하였다. 시부모에 남편까지 죽여 먹었으니 세상에 이런 팔자가 어디 있단 말인가? 내가 전생에 무슨 죄를 지었다고 이런 일을 당하고 있을까?

눈물을 흘리던 지장 아기씨가 시누이들에게라도 의지하고 싶은 마음에 시누이 방으로 갔다. 방문을 열려고 하는데 안에서 숙덕거리는 소리가 들렸다.

"저년이 오고 나서 우리는 하루아침에 고아 신세가 돼부럿 저. 아이고, 억울허다."

"저년을 죽이고 우리가 남은 재산이라도 차지허여사 분을 풀 키여."

놀란 지장 아기씨는 알뜰살뜰 장만한 재산을 다 놓아두고 그 길로 집을 나와 거리로 나섰다. 이제 어디로 가야 하나. 갈 길이 막연하여 서성이다 주천강 연못으로 갔다.

주천강 연못에 쭈그리고 앉아 흘러가는 물을 바라보며 한숨을 쉬고 있노라니 저쪽에 스님 한 분이 지나가는 게 보였다. 지장 아기씨는 벌떡 일어나 스님을 불러 세웠다.

"대사님아, 가던 길 멈추고 이년의 기구한 팔자나 좀 봐줍서. 어떵허연* 이 몸은 친정부모도 모자라 시댁 어른들이며 신랑까지 저세상 보내신지 도무지 알 수가 엇수다. 경허난** 이년의 사

---

* **어떵허연** 어떻게 해서
** **경허난** 그러니까

주팔자나 한 번 봐줍서."

지장 아기씨의 한탄을 듣던 스님은 원천강 사주역법 책을 꺼내서 들여다보았다. 한참을 들여다보던 스님은 혀를 차며 풀이해주었다.

"아기씨는 초년운이 좋아 태어날 때는 좋았주마는 이후 액이 끼어 갈수록 궂은 일이 벌어지는 운세올씨다. 친정부모에 시부모, 사랑하는 낭군마저도 원혼이 되었으니 죽은 원혼을 달래주는 전새남굿을 정성으로 하시지요. 그래야 조상들이 좋은 곳으로 가쿠다."

말을 마친 스님은 고맙다고 거듭 절을 하는 아기씨를 두고 제 갈 길로 가버렸다. 지장 아기씨는 서둘러 집으로 돌아왔다. 그러고는 스님이 일러준 대로 전새남굿을 준비하기 시작했다.

지장 아기씨는 서천강 들판으로 가서 뽕나무를 심었다. 뽕나무는 다음 날부터 싹이 트고 잎이 돋아나더니 쑥쑥 자라났다. 뽕나무가 자라는 것을 본 지장 아기씨는 누에씨를 얻어 와 뽕잎을 따서 누에에게 먹였다.

지장 아기씨는 누에고치에서 실을 뽑아 물명주 강명주를 짜기 시작했다. 그러고는 몇 날 며칠 짠 명주를 구덕에 넣고 등에 져서 주천강 연못으로 빨래를 갔다. 강명주 물명주를 물에 빨고

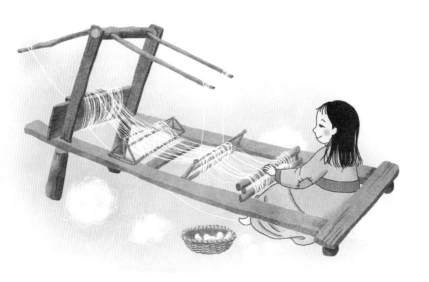

널면서 석 달 열흘 백일 동안 정성을 들였다. 아기씨의 정성으로 강명주 물명주는 하얗게 다듬어졌다.

공들여 장만한 명주는 굿을 할 때 이승과 저승을 이어줄 다리, 신이 오는 길을 만드는 데 쓸 것이었다. 초감제에 쓸 다리, 초공전에 쓸 다리, 이공전에 쓸 다리, 삼공전에 쓸 다리, 시왕전에 쓸 다리, 사자님전 쓸 다리, 군웅님전 쓸 다리, 영게님전 쓸 다리, 차사님전 쓸 다리까지 다 준비하였다.

다리 놓고 남은 명주는 북, 장고, 징 등 악기를 매는 끈을 만들었다. 그리고 남은 명주는 심방이 들 요령과 신칼의 끈을 만들었다. 그리고 남은 명주 열다섯 자와 아강베포 일곱 자를 들여서 스님이 시주 받는 주머니 호롬줌치를 만들었다.

준비를 다한 지장 아기씨는 대공단고칼로 삼단같이 검은 머리를 싹싹 깎아 송낙을 쓰고, 회색 장삼을 입었다. 그리고 목탁을 들고 나서니 영락없는 중이었다.

중이 된 지장 아기씨는 동서남북 집집이 다니며 탁발을 하여 쌀을 모았다. 쌀이 몇 섬 모이자 이번엔 동네에 마음씨 고운 청비바리들을 불러모아 방아를 찧었다.

이여도 방애여 이여도 방애여,
오공콩 찧는구나 이여도 방애여

비바리들이 서로 장단을 맞추고 소리를 하며 방아를 찧으니 보슬보슬 하얀 쌀가루가 생겨났다. 쌀가루를 체로 쳐서 곱게 걸러내고 떡을 만들었다. 돌래떡과 송편은 물에 삶아놓고, 일곱 구멍 뚫린 시루에 첫 층을 놓고, 두 번째 징을 놓고, 세 번째 징을 놓고서는 불을 관장하는 신 수인씨를 불러다가 불을 피워 찌기 시작했다.

당클에 기메전지를 오려 걸어놓고 굿상에는 떡들을 올려놓았다. 이렇게 상을 차려놓고 저승으로 간 할머니 할아버지, 친정 부모님, 시부모님, 시할머니 시할아버지, 열아홉 살 젊은 나이에 세상 떠난 설운 낭군님을 위하여 전새남굿을 이레 동안 하였다. 이리하여 지장 아기씨는 자신 때문에 죽어간 원혼들을 달래주었다.

마을마다 지장 아기씨가 원혼을 풀어주었다는 칭찬이 자자하였다.

이렇게 자신으로 인하여 죽게 된 원혼을 달래고 저승으로 보낸 지장 아기씨는 여생을 마친 후 죽어 새의 몸으로 환생했다. 그런데 이 새가 사람의 몸에 들면 나쁜 기운이 되어 온갖 질병을 일으켰다.

머리로 들면 두통새가 되고, 눈으로 들면 눈 흘기는 흘기새 되고, 코로 나오면 거친 숨 쉬는 악심새 되고, 입으로 가면 부부간 이간질하는 헤말림새 되고, 가슴으로 가면 답답증 일으키는 열화새 되고, 오금에 붙으면 조작거리는 오두방정새가 되었다. 그러니 이 새는 온갖 병을 가져다주면서 풍운조화를 일으켰다.

그래서 병든 사람을 살리기 위한 굿을 할 때는 심방이 지장 아기씨의 기구한 생애를 낱낱이 풀어서 들려준 후에 병자의 몸 속에서 흉험을 주는 새를 쫓아낸다.

지장의 아기씨/ 인간에 살아서

조은° 일 허더고/ 지장의 아기씨

죽어서 갈 때에/ 새 몸에 나더고

머리에 나는 건/ 두통새 나더고

눈으로 흘그새°°/ 코으로 악심새

입으로 헤말림°°°/ 가슴에 이열새°°°°

오곰°°°°°에 조작새°°°°°°/ 새몸에 가더고

요 새가 들어서/ 풍문에 조화를

불러나 주더고/ 요 새를 드리자°°°°°°°

주워라 훨쭉/ 주어라 훨쭉 훨쭉훨짱

° **조은** 좋은

°° **흘그새** 흘깃흘깃하는 새

°°° **헤말림** 부부 사이를 이간질 하는 일

°°°° **이열새** 가슴을 답답하게 하는 새

°°°°° **오곰** 오금. 무릎이 구부러지는 다리의 안쪽 부분

°°°°°° **조작새** 무게 없이 촐랑거리는 기운의 새

°°°°°°° **드리자** 쫓아내자

신화, 펼치기

지장본풀이와 '새'를 쫓는 제차

'지장본풀이'는 '시왕맞이' 굿에서 불리는 신화이다. 시왕맞이는 저승을 관장하는 열 분의 시왕[十王]에게 죽은 이를 지옥에 떨어지지 말고 극락세계로 인도하여 주도록 기원하는 의례이다. 이 시왕맞이 굿에서 차사본풀이, 명감본풀이와 함께 지장본풀이가 가창된다.

차사본풀이는 죽은 영혼을 잡아가는 차사에게 고이 영혼을 잡아가 주도록 비는 의미로 신을 찬양하는 신화이다. 신을 찬양하기 위하여 불리는 신화들은 "신의 본을 풀면 신나락만나락하고 사람의 본을 풀면 백년 원수지는 법입니다"라는 말과 함께 시작한다.

이에 비해 명감본풀이는 차사본풀이처럼 신을 찬양하기 위하여 불리는 신화가 아니라 액을 막기 위해 불리는 신화이다. 차사를 잘 대접하여 수명을 늘린 사만이 이야기를 근거로 제시하며, 잘 차려놓았으니 대접받고 대신 사만이처럼 액을 막을 수 있도록 해달라고 비는 것이다. 그래서 "신의 본을 풀면 신나락 만나락하고 사람의 본을 풀면 백년 원수지는 법입니다"라는 말미가 없다.

지장본풀이도 사만이본풀이와 비슷하게 액을 막는 역할을 하는 신화이다. 즉 지장이라는 신을 찬양하기 위하여 가창되는 것이 아니라 '새'가 된 지장의 내력을 노래하고, 그 새가 사람들에게 온갖 흉험을 주고 있으니 그에 근거하여 '새'를 좇아낸다고 하면서 부르는 것이다. 지장은 찬양의 대상인 신이 아니라 좇아내야 할 구축 대상인 잡신에 해당한다.

지장본풀이를 노래하는 방법 또한 다른 본풀이 경우와 다르다. 다른 본풀이는 심방이 혼자 장단에 맞춰서 끝까지 읊는데 지장본풀이는 심방이 서서 한 구절 한 구절 노래하면 옆에 앉은 소미들이 북과 장구를 치며 꼭 같이 따라 부른다.

(심방)	지장의 아기씨/	(소미들)	지장의 아기씨
	인간에 살아서/		인간에 살아서
	조은 일 허더고/		조은 일 허더고
	지장의 아기씨/		지장의 아기씨
	죽어서 갈 때에/		죽어서 갈 때에
	새 몸에 나더고/		새 몸에 나더고
	머리에 나는 건/		머리에 나는 건
	두통새 나더고/		두통새 나더고
	요 새를 두리자/		요 새를 두리자

　본풀이에서 노래하는 '새'는 날아다니는 새이면서 또한 나쁜 기운을 의미하는 '새'이기도 하다. 제주에서는 나쁜 기운의 '사(邪)'도 '새'라고 한다. 날아다니는 '새'와 나쁜 기운의 '새'는 동음이의어로 음은 같지만 전혀 다른 의미이다. 그럼에도 쫓아내어야 할 나쁜 기운인 '새'를 날아다니는 새로 형상화하면서 노래한다. '두리자'는 '쫓아내자'는 의미의 제주어이다.

사나운 팔자를 타고난 지장 아기씨

지장 아기씨는 부부가 늦게까지 아기가 없어 영험 있는 절에 가서 정성을 드린 후 태어난 귀한 딸아기이다. 그런데 이렇게 귀하게 태어난 아기씨가 세상에서 가장 불운한 여인이 되었다.

귀하게 태어나 넘치는 사랑을 받던 지장 아기씨가 네 살이 되던 해에 할머니 할아버지가 갑자기 세상을 뜨고 만다. 그리고 다섯 살 나던 해에 아버지가 돌아가시고 여섯 살 나던 해에 어머니마저 죽어 천애고아가 되고 마는 것이다. 고아가 된 아기씨가 외삼촌댁에서 얻어먹으며 구박을 받는다.

불행은 여기서 그치지 않는다. 착하고 부지런하여 동서로 소문이 나고 이를 기특하게 여긴 부잣집에서 혼담이 들어와 시집을 가게 된다. 하지만 행복한 생활도 잠시, 또다시 차례차례로 시할머니 시할아버지로부터 시작하여 시부모, 남편까지 세상을 뜨고 만다. 이렇게 기막히고 사나운 팔자가 어디 어디 있으랴.

지장 아기씨는 자신의 팔자가 어찌 이리 기구한지 지나던 스님에게 물어보았다. 스님은 "아기씨가 초년 운이 좋아 태어날 때는 좋았지만 이후 액이 끼어 갈수록 궂은 일이 벌어지는 운세"라고 얘기해준다. 그러면서 친정부모에 시부모, 사랑하는 낭군마저도 원혼이 되었으니 죽은 원혼을 달래주는 전새남굿을 정성으로 하라고 조언을 한다. 전새남굿은 병자를 살려달라고 기원하거나 죽은 이의 원한을 풀어줄 때 하는 굿이다.

지장 아기씨는 자신의 사나운 팔자로 인해 죽은 이들의 원한을 풀어주기 위해 정성으로 굿을 준비한다. 지장 아기씨는 서천 강 들판으로 가서 뽕나무를 심는다. 그리고 뽕나무 잎으로 누에를 키워 실을 뽑고 명주를 짠다. 이렇게 공들여서 마련한 명주를 이승과 저승을 이어주는 다리를 놓는 데 쓰기 위해서 하얗게 다듬어놓았다.

그리고 머리를 깎고 스님 행색을 하여 탁발을 다니면서 집집이 한 홉씩 쌀을 공양 받아다가 떡을 했다. 이렇게 탁발을 하여 쌀을 모은 것은 여러 사람의 공덕이 깃든 떡을 만들기 위해서이다. 지장 아기씨는 온갖 정성을 모아 죽은 원혼들을 위하여 전새남굿을 해주었다.

이렇게 자신으로 인해 죽게 된 사람들의 원한을 풀어준 지장 아기씨는 남은 생을 살다가 죽어서 새로 환생했다. 그런데 이 새가 사람의 몸에 들면 나쁜 기운이 되어 온갖 질병을 일으켰다. 사악한 기운, 새(사)가 된 것이다.

이 사악한 기운이 머리로 들면 두통새가 되고, 눈으로 들면 눈 흘기는 흘기새가 되고, 코로 나오면 거친 숨 쉬는 악심새가 되고, 입으로 가면 부부간 이간질하는 헤말림새가 되고, 가슴으로 가면 답답증 일으키는 열화새가 되고, 오금에 붙으면 조작거리는 오두방정새가 되었다. 사람들에게 질병이 생기는 것은 이 새가 온갖 질병을 가져다주면서 풍운조화를 일으켰기 때문이다.

원래 지장 아기씨의 이름은 불교의 지장보살에서 따온 것이다. 불교의 지장보살은 모든 중생들을 지옥의 고통에서 구제해주기 위하여 부처가 되는 것을 미룬 보살이라고 한다. 그런데 같은 이름을 가진 지장 아기씨는 죽어서 사람들에게 온갖 질병을 일으키는 새로 환생하였다.

어찌하여 온갖 불행을 겪으면서도 착한 마음을 잃지 않았던 지장 아기씨가 이런 고통을 주는 새가 된 것일까? 더구나 자신의 사나운 팔자로 인하여 세상을 뜨게 된 원혼들을 위해 정성으로 굿을 해주어 원한을 풀어주기까지 한 아기씨가 말이다.

왜 지장은 사람들에게 흉험을 주는 새로 환생한 것일까

제주신화에서 새로 환생하여 사람들에게 고통을 주는 인물은 둘이다. 지장 아기씨와 함께 세경본풀이에 나오는 서수왕 따님아기이다.

서수왕 따님아기는 문왕성 문도령에게 시집가기로 결정이 되었는데 자청비 때문이 혼사가 틀어졌다. 자청비에게 문도령을 빼앗긴 것이 너무나 억울하여 서수왕 따님아기는 문을 걸어 잠그고 석 달 열흘을 물 한 모금 먹지 않았다. 백일이 지나 방문을 열어보니 서수왕 따님아기는 죽어 새로 환생해 있었다.

가슴 속 원한이 뭉쳐서 새로 환생한 서수왕 따님아기는 지장 아기씨처럼 사람들 몸에 들어 온갖 질병을 일으켰다. 두통새, 흘그새, 악숨새, 헤말림새가 나온다는 것은 지장본풀이와 같다. 이러한 내용의 노래는 신이 오는 길의 부정을 쫓는 제차인 '새 두림'에서 불린다.

서수왕 따님아기가 혼인하기로 예정되어 있던 낭군을 빼앗긴 데서 오는 억울함에 스스로 목숨을 끊었고, 그 원혼이 사람들을 고통스럽게 하는 새로 환생했다는 것은 충분히 공감이 가는 서사이다. 그런데 착하게 살면서 온갖 불운을 겪었고, 정성으로 원혼들을 위해 전새남굿을 한 지장 아기씨가 왜 사람들에게 온갖 질병을 일으키는 새로 환생한 것일까?

어쩌면 지장 아기씨가 다른 사람들의 원한을 풀어주었다 해도 자신의 가슴에 맺힌 한은 풀지 못했기 때문이 아닐까? 그리하여 자신이 원혼들을 위해 정성으로 굿을 해주었듯이 사람들이 자신을 위해 가슴에 맺힌 한을 풀어주기를 원했기 때문이 아닐까 생각해본다.

지장 아기씨 이야기에는 죽기 전에 가슴의 한을 풀지 못한 사람이 없기를 바라는 마음이 담겨 있는 것이다. 그래서 병든 사람을 살리기 위한 굿을 할 때는 심방이 지장 아기씨의 기구한 생애를 낱낱이 풀어서 들려준 후에 이를 위로하는 것이리라. 산 사람 역시 마음의 상처를 치유하지 못하면 건강한 삶을 살 수 없다. 그래서 지장 아기씨 이야기를 풀어내면서 동시에 병자의 몸속에서 깃든 나쁜 기운을 쫓아낸다.

굿을 구경하는 사람들은 지장 아기씨의 너무나도 불운한 삶과 이를 위로하는 의례를 접하면서 자신들의 아픔도 위로 받았을 것이다. 적어도 자신은 저만큼은 힘들지 않다는 자각이 들며, 불운을 이겨낼 힘이 생기기도 했을 것이다. 그래서 지장 아기씨가 환생한 새는 사람들이 스스로 날려 보내야 할 자신들의 새이기도 한 것이다.

원혼을 신으로 섬기는 제주 사람들

제주에는 억울하게 죽거나 한을 안고 죽은 이를 신으로 섬기는 마을들이 있다. 가슴의 한을 풀지 못하고 억울하게 죽은 이를 신으로 섬겨 그 한을 풀어주어야 한다고 생각했기 때문일 것이다. 그렇게 한을 풀어주어야 산 사람들의 삶도 편안할 것이라고 생각했으리라.

성산읍 신천리에 현씨일월당이 있다. 어려서부터 몸이 약해 죽을 고비를 간신히 넘기곤 하던 현씨일월은 열다섯에 심방이 되었다. 하지만 악기와 무구를 장만하지 못하여 눈물을 흘렸다. 그러자 하나밖에 없는 혈육인 오라버니가 진상선을 타고 한양에 다녀오면서 무복과 무구를 사다 주겠다고 약속했다.

오라버니는 이튿날 진상선에 몸을 싣고서 하천리 포구를 떠났다. 현씨일월은 연대에 올라 오라비가 무사히 다녀오기를 기도하면서 타고 가는 진상선을 줄곧 바라보고 있었다. 그런데 이게 무슨 천지조화일까? 잔잔했던 바다에 갑자기 모진 광풍이 일더니 진상선이 물마루를 넘기 전에 전복되고 말았다. 혈육이라곤 하나뿐인 오라비가 물에 빠져 죽은 것이다.

그 광경을 바라보고 있던 현씨일월은 절망 속에서 연대 아래로 몸을 던졌다. 현씨일월은 바로 목이 꺾여 숨이 끊어졌다. 이 사실을 알게 된 마을 사람들은 현씨일월을 불쌍하게 생각하여 떨어져 죽은 그 자리에 무덤을 만들어주었다. 그리고 천미연대 옆에 신당을 만들어 마을 본향신으로 모시고 있다.

이 당의 특이한 풍경은 신목인 후박나무에 예쁜 한복을 입혀

신목에 고운 한복 치마를 입혀놓은 현씨일월당

놓고 그 옆에 있는 녹나무에는 지전물색을 화려하게 걸어놓는다는 것이다. 꽃다운 나이에 비참하게 죽은 현씨일월을 위해서 고운 한복을 올리며 위로하는 것이리라.

조천읍 신흥리 본향 볼래낭할망당은 역시 억울하게 죽은 아기씨를 신으로 모시고 있다. 당 이름은 '볼래낭할망당'이다. 보리수나무를 제주에서는 볼래낭이라고 한다. 볼래낭할망인 박씨할망은 열다섯 살 때 바닷가에 파래를 캐러 나갔다가 물 길러 온 왜선에서 내려온 왜구들에게 발견되었다. 왜구들이 겁탈

조천읍 신흥리 볼래낭할망당. 제단 앞은 보리수나무로 덮여 있다

하려하자 도망치기 시작했는데, 이곳 볼래낭 아래에서 목숨을 잃었다.

이 당은 억울하게 겁탈당해 죽은 처녀 원령(怨靈) 박씨아미를 모신 당이기 때문에 '금남의 당'이라고 한다. 그래서 남자들은 이 당을 지날 때 고개를 돌려야 한다. 한 가지 덧붙인다면, 제주에서는 여신은 '할망'이라고 하기 때문에 열다섯에 죽은 여신이 좌정한 당이라도 '할망당'이라고 하는 것이다.

최남단 마라도에도 억울하게 죽은 애기업개를 신으로 모신

당이 있다. 태어날 때부터 길가에 버려진 허씨아기는 남의 집 아기를 업고 다니며 키우는 일을 했기 때문에 아기업개라 불렸다. 아기업개는 열네 살 때 잠수 일을 하는 해녀들을 따라서 마라도에 갔다.

마라도에 짐을 풀었는데 파도가 세어서 몇 날 며칠 물질을 할 수 없었다. 식량은 다 떨어져 돌아가야 하는데 파도가 어찌나 센지 배를 띄우기도 힘들었다. 하루는 한 해녀의 꿈에 산신 대왕이 나타나 열네 살 처녀를 섬에 두고 가면 배를 띄울 수 있을 것이라고 했다. 해녀들과 사공은 의논 끝에 모두들 살기 위하여 아기업개를 섬에 남겨두기로 했다.

이튿날 간신히 배에 오르고 나서 아기업개에게 바위에 기저귀를 두고 왔으니 가져오라고 시켰다. 아기업개가 배에서 내리자 파도가 잔잔하게 가라앉았다. 사람들은 아기업개를 제물로 남겨둔 채 노를 저어 떠나버렸다.

자신을 남겨놓은 채 배가 떠나는 것을 본 아기업개는 살려달라고 소리치며 울었다. 그렇게 혼자 섬에 남게 된 아기업개는 굶어죽고 말았다. 이듬해에 사람들이 마라도로 가서 보니 아기업개의 뼈만 살그랑하게 남아 있었다. 사람들은 희생당한 아기업개의 넋을 위로하기 위하여 처녀당을 짓고 일 년에 한 번씩 당제를 지낸다고 한다.

송애기 : 송아지

예시 송애기 촐 주고 학교 가라. → 송아지 꼴 주고 학교 가거라.

강셍이 : 강아지

예시 강셍이가 촐랑촐랑 따라왐저. → 강아지가 촐랑촐랑 따라오네.

도새기, 돗 : 돼지

예시 돗통시에 강 도새기 밥 주라. → 돼지우리에 가서 돼지 먹이 주거라.

뭉셍이 : 망아지

예시 뭉셍이영 송애기영 막 다 곱닥헌게. → 망아지와 송아지가 아주 곱네.

빙에기 : 병아리

예시 장에 강 빙에기 몇 마리 사와수다. → 장에 가서 병아리 몇 마리 사왔어요.

쉐 : 소

예시 쉐막에 쉐가 어신 거 보난 밧디 몰앙 간 거 닮다.

→ 외양간에 소가 없는 것 보니 밭에 몰고 간 것 같다.

몰 : 말

예시 제주에선 쉐 대신 몰로 농사짓기도 허주.

→ 제주에선 소 대신 말로 농사짓기도 한다.

부렝이 : 수소

예시 부렝이 거 잘 생긴 것이 값 하영 받으커라.

→ 수소가 잘 생겨서 값 많이 받겠네.

염쉐 : 염소

예시 그 집엔 염쉐도 키웜서라. → 그 집에는 염소도 키우고 있더라.

테우리 : 마소를 돌보는 사람

예시 그 집은 조상 대대로 테우리 집안이엇주.

→ 그 집은 조상 대대로 목동일을 하는 집안이었지.

제주 성안에
자리 잡은 뱀신
칠성

제주도에서는 뱀을 칠성이라고 한다. 칠성제를 지내서 태어난 아기씨와 그의 일곱 딸이 뱀으로 변했기 때문이다. 칠성본풀이는 뱀신에 대한 이야기이다. 민간에서는 농사가 잘되어 부자 되게 해주는 뱀신인 안칠성과 울타리 안의 재물을 지키는 밧칠성에 대한 신앙이 성행했다. 사람들은 보통 제사나 명절 때에 제물을 차려 올리기도 하고, 굿을 할 때 칠성본풀이를 노래하며 이 칠성신을 대접했다.

칠성본풀이

옛날 옛적에 장나라 장설룡과 송나라 송설룡이 부부가 되어 살았다. 집안이 천하부자로 생활은 풍족했으나 쉰 살이 가깝도록 자식이 없어 걱정이었다.

부부는 점쟁이를 찾아가 어떻게 하면 자식을 얻을 수 있는지 물어보았다.

"집에 가서 칠성단을 차려놓고 칠성제를 지내십시오."

부부는 돌아와 칠성단을 마련해놓고 밥도 일곱, 떡도 일곱, 술잔도 일곱, 송낙도 일곱을 상에 올려 칠성제를 지냈다. 그러자 하늘에서 여섯 분의 성군이 차례로 내려와 상을 받고 복을 주었다.

그런데 넷째 성군이 늦게 와보니 다른 성군들이 다 복을 주고 난 뒤였다. 그래서 넷째 성군은 부부를 장님으로 만들고 돌아갔다. 장님이 된 부부는 괜히 자식을 얻으려고 칠성제를 지냈다고 한탄했다. 그런데 그즈음 나라에 전쟁이 일어나 젊은이들은 군병으로 끌려가고, 나이든 사람들은 부역으로 끌려가 모두들 죽음을 면치 못했으나 부부는 장님이라 화를 면할 수 있었다.

그제야 부부를 장님으로 만들었던 성군이 다시 부부의 눈을 뜨게 해주었다. 부부는 칠원성군이 내린 복에 감사하고 또 감사했다. 칠성제의 효험을 깨달은 부부는 다시 칠성제를 정성껏 지내며 자식을 점지해줄 것을 빌었다. 과연 얼마 안 있어 태기가 있더니 열 달을 채우고 딸아기가 태어났다.

딸아이 일곱 살이 되던 해에 아버지는 천하공사, 어머니는 지하공사 벼슬살이를 가게 되었다. 부모는 어린 딸자식이 걱정이 되었다.

"아들 같으면 데령 강 벼룻물이나 떠놓으랜 시키믄 되주마는 딸자식이니 그럴 수도 없고……."

궁리 끝에 아기씨를 방 안에 가두어놓고 가기로 했다. 사방문을 단단히 잠그고 느진덕정하님에게 구멍으로 밥을 주고 옷을 주며 잘 키우고 있으면 돌아와서 종 문서를 돌려주겠다고 약조를 했다.

부부는 느진덕정하님에게 아기씨를 잘 지키라고 당부를 하고 벼슬살이를 떠났다. 느진덕정하님은 분부한 대로 구멍으로 밥을 주고 옷을 들여 놓아주며 아기씨를 보살피기 시작했다. 그렇게 하루 이틀 시간이 지나갔다.

이레째 되는 날, 느진덕정하님이 구멍으로 밥을 주려고 방 안을 살펴보니 아기씨가 보이지 않았다. 놀라 방문을 활짝 열어보니 아기씨는 온데간데없이 사라져버리고 없었다.

느진덕정하님이 하늘이 무너진 듯 엉엉 울면서 아기씨를 찾아 온 사방을 헤매었다.

"아이고, 큰일났저. 상전님이 왕 봐서 아기씨가 어시민 나는 목이 목 잘려 죽을로구나!"

아무리 찾아 사방을 헤매어도 아기씨의 행방을 알 수 없었다. 느진덕정하님은 하는 수 없이 상전에게 서신을 띄웠다.

"아기씨가 간간무레* 뒈여시난 혼저** 바삐 돌아옵서."

이렇게 서신을 띄워놓고 이제나 저제나 상전님이 오시는가 올레에 나가 기다렸다.

---

* **간간무레** 깜깜무소식
** **혼저** 어서, 빨리

　사실 아기씨는 부모님이 보고 싶어 울다가 뒤를 쫓아가려고 살창 구멍으로 살짝 빠져나왔다. 느진덕정하님이 아기씨를 찾아 헤맬 때 아기씨는 산길을 달리고 있었다. 길은 멀기만 한데 벌써 해는 저물었다. 아기씨는 가지도 오지도 못하고 띠밭에 앉아 울기 시작했다. 그렇게 두 이레 열나흘을 울다 보니 기진맥진해서 죽을 지경에 이르렀다.

　그때 마침 스님 셋이 아기씨 곁을 지나게 되었다.

"앞에 가는 대사님아, 나를 살려줍서."

첫 번째 스님은 눈도 아니 돌려보고 그냥 지나가버렸다.

"대사님아……."

두 번째 스님은 말도 못 붙이게 쌩하니 지나쳤다. 하는 수 없이 세 번째로 오는 대사님에게 애원했다.

"세 번째 오는 대사님아, 나를 살려주옵소서."

세 번째 스님이 걸음을 멈추고 주위를 살펴보다 아기씨를 발견했다.

"너는 누구 되느냐?"

"저는 장나라 장설룡의 따님이 되옵네다."

"아하, 우리 법당에 오란 수륙을 드련 탄생헌 아기씨로구나."

스님은 아기씨를 돌돌 싸서 들쳐 업고는 장나라로 내려왔다. 아기씨를 데리고 다니면서 희롱하던 스님은 싫증이 났는지 장설룡 대감 집 올레 밖 노둣돌 밑에 숨겨놓았다.

장설룡 대감 부부는 벼슬을 그만두고 내려와 사방으로 딸을 찾아 다녔으나 끝내 찾지 못하고 한숨을 쉬며 주저앉아 있었다.

그때 스님이 찾아와 문을 두드렸다.

"소승 뵈옵네다."

대감이 스님을 보고는 탄식하며 대답했다.

"소승이고 대승이고 간에 사단이 나시난 이를 어떵허믄* 좋겠느냐? 너의 법당에 강 수륙 드령 어렵사리 얻은 딸아이가 간간무레 뒈여시난 오행팔괘 단수육갑이나 짚어보라. 어디로 갔겠느냐?"

장설룡 대감이 점을 쳐보라 하니 스님은 손가락을 꼬부렸다 폈다 하면서 짚어보는 체하다가 말했다.

"아기씨는 대감님이 부르면 들을 듯 웨민** 알 듯 헌 디 이실 듯 허우다. 문밖의 말팡돌 아래나 파봅서."

장설룡 대감이 화를 발칵 내면서 소리쳤다.

"저놈의 중이 사단이로구나. 내 이놈의 중을 단칼에 베어사키여."

하인들에게 중을 잡아들이라 하니 스님은 도술을 부려 천 리 만 리 달아나버렸다.

대감이 아랫사람을 시켜서 서둘러 말팡돌 아래를 파서 보니 아기씨가 장삼자락에 돌돌 싸여 있었다. 부부는 아기씨를 집 안으로 데려와서 다친 데는 없는지 살펴보았다. 그런데 가만히 보

---

* **어떵허믄** 어떻게 하면
** **웨민** 외치면

니 얼굴엔 기미가 거멓게 끼었고, 몸뚱아리는 아리롱다리롱 하고, 배를 보니 두둥배가 되어 있었다. 첫눈에 봐도 아기를 밴 것이 분명하였다.

"아이고, 이 일을 어떵허믄 좋으코? 양반 집에 사단이 났구나!"

자식을 죽일 수도 없고 잡을 수도 없었다. 부부는 며칠 의논 끝에 무쇠석갑에 담아 동해 바다에 띄워 버리기로 하였다.

무쇠석갑은 강남목골로 해서 동해 바다에 띄워졌다. 밀물에도 홍당망당, 썰물에도 홍당망당 흘러다니다가 제주 물마루를 넘어왔다. 무쇠석갑이 산지포구로 해서 성안으로 들어오려 하니 칠머리당의 당신인 세변도원수가 자리를 내주지 않았다. 하는 수 없이 동쪽으로 돌아 화북으로 들어가려 하였다. 그러자 화북의 가릿당 당신이 들어오지 못하게 했다.

다시 동쪽으로 돌아서 삼양 가물개로 들어가려 하니 그 마을 당신인 시월도병서가 가로막고, 설개로 들어서려 하니 개로육 서또가 가로막고 들어오지 못하게 했다.

다시 동쪽으로 돌아 신촌으로 들어가려 하니 이 마을의 큰물머리당의 당신이 워낙 세어서 들어갈 수 없었다. 그리고 조천으로 들어가려 하니 새콧알고당할망이 세어서 들어갈 수 없었다.

다시 동쪽으로 나아가니 신흥의 볼래낭알 박씨할망이 좌정하고 있어 못 들어가고, 한 걸음 더 나아가 함덕으로 들어갈까 하니 사례물거리 당신이 세어서 못 들어갔다. 북촌으로 들어가려 하니 해신이 좌정하고 있어 못 들어가고, 동복으로 들어가려 하니 고첨지영감이 세어서 들어갈 수 없었다. 김녕으로 들어가려 하니 안성세기, 밧성세기 당신들이 막아서 들어가지 못했다.

한 걸음 더 동쪽으로 나아가기로 하여 세화리로 들어가려 해 보니 천자님, 백주님, 금상님이 어찌나 센지 들어갈 엄두를 낼 수 없었다. 이젠 밀물을 타서 되돌아올 수밖에 없다 하고 서쪽으로 머리를 돌렸다. 함덕리 서우봉 밑에 이르고 보니 그래도 거기가 제일 올라갈 만하였다.

무쇠석갑은 비로소 함덕 해안에 자리한 서우봉 썩은개로 올라갔다.

그때에 함덕리와 신흥리에 사는 일곱 잠수가 아끈* 태왁**, 아끈 물망사리, 아끈 비창 어깨에 메고 서우봉 썩은개로 해서 물에 들려고 하다가 무쇠석갑을 발견했다. 그들은 욕심이 나서 서로 먼저 주웠다고 우기기 시작했다.

"나가 먼저 봉갔져**."

"아니여, 나가 먼저 봤져."

서로 우기면서 무쇠석갑을 잡아당기니, 일곱 잠수의 다툼이 끝나질 않았다.

마침 함덕리에 사는 송첨지 영감이 한 뼘 안 되는 볼락 낚싯대에다 작은 바구니 걸치고 낚시하러 오다 어디서 왁자지껄 사람 소리를 들었다.

"어디서 와자자자 사람 웨는 소리가 남져. 멜**이나 들어신가?"

송첨지 영감이 썩은개로 내려서 보니 일곱 잠수가 서로 밀치면서 싸움 싸움을 하고 있었다.

"아, 무슨 일로 경 싸움을 허염서?"

"영감님아, 나가 먼저 이 무쇠석갑을 봉가신디 저년이 먼저 봤댄 우겸수다."

"아니우다. 나가 먼저 봐신디 저년들이 먼저 봉갔댄 허멍 난리우다."

송첨지 영감은 싸움을 말리며 좋은 수가 있다고 했다.

---

* **아끈** 작은
** **태왁** 해녀들이 자맥질을 할 때 가슴에 받쳐 몸을 뜨게 하는 뒤웅박
* **봉갔져** 주웠다
** **멜** 멸치

"경허지 말고 한 번 무쇠석갑 열어봐. 속에 금이 들어시나 은이 들어시나간에 일곱이 꼭 같이 나눠 갖고, 석갑일랑 나를 주민 담뱃갑이나 허키여."

"어서 걸랑 그리 허십서."

송첨지 영감이 무쇠석갑을 세 번 메어치니 저절로 설강 열렸다. 모두들 모여들어 안을 들여다보는데, 혀는 멜록, 눈은 펠롱, 아리롱 다리롱 일곱 마리 아기뱀에 청구렁이인 듯 흑구렁인 듯 어미뱀까지 여덟마리가 소랑소랑 누워 있었다.

"아이고, 더럽고 재수 없다!"

"흔저 저리로 케우려붑서*!"

송첨지 영감이 낚싯대로 이리저리 헤치고, 일곱 잠수가 비창으로 뱀을 걸어 던져버렸다.

그날부터 송첨지 영감과 일곱 잠수는 가슴도 답답하고 눈도 캄캄하고 온몸에 열이 나는 것이 병이 난 것이 틀림없었다. 사경을 헤매는 걸 본 식구들이 하도 답답하여 이원신 심방에게 가서 점을 쳐보았다.

"섬으로 들어온 외방신을 박대한 죄가 크니 신을 청해다가

---

* **케우려붑서** 흩뜨려 던져버리세요

전세남굿을 해사쿠다."

송첨지 영감과 일곱 잠수는 이원신 심방에게 부탁하여 큰굿을 했다. 그러자 몸이 씻은 듯이 좋아지고 동서로 재물이 들어와 삽시간에 부자가 되었다. 그들은 서우봉에 뱀신을 모시는 칠성당을 만들고 정성으로 위했다. 그것을 본 마을 사람들도 같이 신을 받드니 함덕 마을도 삽시간에 부촌이 되었다.

칠성신들은 함덕 마을에서 극진히 대접을 받으니 흡족했다. 그런데 계속해서 이 마을에 있기는 힘들 것이라 생각하고는 성안으로 들어가보기로 했다.

칠성은 일곱 아기 거느리고 성안으로 향했다. 큰길로 가려 하니 개들이 무서워 낮에는 오솔길로 가다가 밤이 되어야 큰길로 나왔다. 함덕 금성동산으로, 조천 만세동산으로, 신촌 열녀문 거리로 해서 진드르 별도봉 살쏜거리로 해서 화북 베릿내에 이르렀다.

먼 길 걷다 보니 땀도 나고 옷에는 먼지가 앉아 더러워졌다. 일곱 아기들은 묵은 옷을 벗어 가시나무에 걸어두고 냇가로 내려갔다. 냇가는 물이 벤질벤질 보일락 말락 괴어 있었다. 그곳에 들어 목욕을 하니 한결 몸이 시원해졌다. 벤질벤질 한 물에서 목욕을 한 것으로 해서 내 이름이 베릿내가 되었다.

일곱 아기는 새 옷으로 갈아입고 동문 밖 언덕으로 올라섰다. 높은 언덕길이라 숨이 ᄀᆞ옷ᄀᆞ옷* 차오르니 아무 생각이 나지 않았다. 그래서 동문 밖 언덕을 ᄀᆞ으니ᄆᆞ를이라고 한다. 이때 낸 법으로 성 밖 사람들이 송사를 내리려고 제주 성안으로 들어설 때 ᄀᆞ으니ᄆᆞ를에 이르면 숨이 ᄀᆞ옷ᄀᆞ옷해서 송사할 생각이 없어진다고 한다.

칠성들은 한숨을 쉬고 성안으로 들어서려 하는데, 성문이 굳게 닫혀 있었다. 어찌할까 하다가 가락쿳물머리에 오고 보니 물길 내려가는 구멍이 뚫려 있었다. 이 구멍으로 살살 기어 성안으로 들어서 산지 금산물가에 이르러 한숨을 돌렸다.

이때 송대정 부인이 아침 물을 길러 금산물에 왔다. 부인은 물가에 소랑소랑 누워 있는 뱀들을 발견했다.

"아이고, 이거 무슨 일이라?"

놀란 부인이 조심조심 치마를 벗어놓고 물을 길러 밑으로 내려갔다.

부인이 물을 길어 밖으로 나와 치마를 입으려 하니 벗어둔

---

* ᄀᆞ옷ᄀᆞ옷 숨이 턱까지 차오른 모양
** 그릅서 갑시다

치맛자락에 뱀들이 소랑소랑 들어가 앉아 있는 게 아닌가?

부인이 두 손을 모아 절을 하면서 말했다.

"나한테 테운 조상님이거든 어서 우리 집으로 그릅서**."

송대정 부인은 뱀을 치맛자락에 싸서 고방으로 모셔가 모시기 시작했다. 그러자 송대정 집은 삽시간에 부자가 되었다.

칠성이 제주 성안에 들어와 맨 처음에 송대정 집에 좌정했기 때문에 송대정 집이 있는 골목을 '칠성골'이라 불리게 되었다.

하루는 이 칠성들이 배부른 동산에 가서 소랑소랑 누워 있었다. 때마침 한 관원이 지나가다 칠성을 보고는 침을 퉤퉤 뱉었다.

"에이, 더럽고 추하다!"

그날부터 이 관원은 입 안이 헐어 터지고 온몸이 아파오더니 곧 죽을 지경이 되었다. 부랴부랴 심방을 불러 점을 쳐보았더니 밖에서 들어온 신을 보고 침을 뱉었기 때문에 일어난 일이니 전새남굿을 해야 한다고 했다.

관원은 그날로 제물을 차리고 굿을 시작하여 칠성을 극진히 위했다. 칠성들은 잘 얻어먹고 배가 부르니 등짓딱 배짓딱* 하며 놀았다. 그래서 이 동산을 배부른 동산으로 부르게 되었다.

칠성들은 풍족하게 대접을 받으며 잘 지냈다. 그러나 언제까지나 이렇게 대접만 받으며 살 수는 없는 노릇이었다. 그래서 어머니가 일곱 아기들을 불러놓고 말을 했다.

"우리가 언제까지나 얻어먹으멍 살 수는 없는 노릇이다. 너희들은 각기 갈 곳을 찾아 들어서라. 큰딸아기는 어디로 가겠

---

* **등짓딱 배짓딱** 바로 눕거나 엎드려 누운 모양

느냐?"

"어머님아, 저는 추수물을 차지하여 추수할망으로 들어서쿠다."

"좋다. 둘째 딸아기는 어디로 가겠느냐?"

"저는 이방, 형방을 차지허쿠다."

"좋다. 셋째 딸아기는 어디로 가겠느냐?"

"옥(獄)을 차지허쿠다."

"좋다. 넷째 딸아기는 어디로 들어서겠느냐?"

"예, 동과원 서과원을 차지허쿠다."

"다섯째는 어디로 들어서겠느냐?"

"나는 동창고 서창고를 차지허쿠다."

"여섯째는 어디로 들어서겠느냐?"

"광청못을 차지허쿠다."

이렇게 하여 큰딸은 추수할머로, 둘째 딸은 이방과 형방 차지로, 셋째 딸은 옥지기로, 넷째 딸은 과원할망으로, 다섯째 딸은 창고지기로, 여섯째 딸은 광청할머니로 각각 들여보냈다.

마지막으로 일곱째 딸을 불러 물었다.

"일곱째 아기는 어디로 가겠느냐?"

"어머님아, 저는 집 후원의 귤나무 밑에 주젱이 덮고 그 밑에 청기와 흑기와 속으로 억대부군 칠성이 되엉 들어가서 구시월이 되믄 귤을 진상받으쿠다. 어머님, 우리 일곱 자매를 낳앙 기르젠 허난 가슴인들 아니 답답해시쿠과? 시원헌 귤을 받앙 올리커매 서럽고 답답헌 어머님 가슴이나 시원 석석허게 가라앉히십서."

"설운 아기, 기특허다. 느가 어멍한테 효심햄구나."

일곱째 딸은 집 뒤 억대부군 칠성으로 들어서면서 어머님은 어디로 들어서겠냐고 물었다.

"나는 고팡*으로 들어상 큰 항아리, 작은 항아리, 큰 뒤주 작은 뒤주 아래로, 곡식을 섬으로 지키는 이, 말로 지키는 이, 되로 지키는 이 다 다스리멍 안칠성으로 들어서 얻어먹으키여."

이리하여 어머니는 고방의 안칠성으로 들어서서 모든 곡식을 거두어주는 신이 되었다.

* **고팡** 곡식 창고

신화, 펼치기

칠성제와 칠성본풀이

　제주도에서는 뱀을 칠성이라고 한다. 그래서 칠성본풀이는 뱀신에 대한 이야기이다. 칠성본풀이는 큰굿 때의 각도비념, 즉 집 안의 신들에게 축원하는 제차에서 불린다. 칠성 또한 집 안을 지키는 신이기도 하기 때문이다. 그리고 뱀신인 칠성을 마을의 당신으로 모시고 있는 경우, 당굿에서 칠성본풀이를 노래하기도 한다.

　그러면 왜 뱀을 칠성이라고 할까? 현용준은『제주신화의 수수께끼』에서 뱀신을 칠성이라고 하는 이유에 대하여 설명하고 있다. 칠성제를 지내어 그 정성으로 딸을 점지받아 낳았기 때문에 아기 이름을 '칠성아기'라고 지었는데, 칠성아기가 나중에 뱀의 몸이 되고, 칠성아기가 낳은 자식들도 뱀들이었기 때문에 뱀을 '칠성'이라고 부르게 되었다는 것이다.

제주도에는 습한 기운 때문에 뱀이 많은 편이다. 제주 사람들은 예로부터 뱀을 신(神)이라고 하며 죽이지 않았다고 한다. 이에 대한 역사 기록도 있다. 조선 후기 학자이며 제주 목사로 부임해왔던 이형상은 『남환박물』에서 뱀신에게 제사를 지내는 '차귀당'에 대하여 말하면서, "땅에 뱀·이무기·지네 등이 많은데, 만약 회색 것을 보면 차귀의 신이라 하여 금하여 죽이지 않는다"라고 하였다. 여기서 '회색 것'은 뱀을 말하는 것이다.

칠성아기는 '칠성제'를 올려서 그 덕으로 태어난 귀한 딸이다. '칠성제'의 '칠성'은 북두칠성을 가리킨다. 제주 사람들은 북두칠성 일곱 별들을 아이를 키워주는 '칠원성군'이라고 하며 기도하는 신앙을 가지고 있는데 이를 칠성제라고 한다.

문무병은 『두 하늘 이야기』에서 제주도에서 행해지는 칠성제에 대하여 설명하고 있다. "칠석날 밤 집 마당에 병풍을 치고 북두칠성을 나타내는 일곱 명의 신위 칠원성군의 일곱 개 송낙(고깔)을 올려놓고, 제물을 각각 일곱 그릇씩 진설하여, 칠원

성군께 아이들을 병 없이 무탈하게 잘 키워달라고 빈다"고 얘기한다. 물론 요즘은 마당에서 칠성제를 지내는 집을 보기가 어렵다.

칠성본풀이에 등장하는 역사적 인물

본풀이에 따르면 송대정 부인이 물을 길러 금산물에 왔다가 벗어놓은 치맛자락에 들어 있는 뱀들을 발견하고는 치맛자락에 싸서 고방으로 모셔가 조상으로 섬기기 시작했다고 한다. 그러자 송대정 집은 삽시간에 부자가 되었다는 것이다. 칠성본풀이에 등장하는 '송대정'이란 인물은 실제로 존재하는 역사적 인물이기도 하다.

송대정은 본명이 '송두옥'이라는 인물로 대정군수를 살았다 하여 '송대정'이라고 부른다고 한다. 김찬흡의 『20세기 제주인 명사전』에 보면, 송두옥은 1850년(철종)부터 1922년까지 살았던 사람으로 조선조 말기의 무신이라 한다.

고종 때 제주판관 및 정의·대정의 양 군수를 역임했는데, 제주 성안에서 태어났다고 한다. 무과에 급제하였으며 그의 형 송지옥과 함께 해산물상으로 18척의 대선단을 부리며 교역을 한

당대의 부호인데, 그가 대정군수를 지냈다 하여 세간에서 그를 '송대정'으로 부른다고 기록하고 있다.

그는 대정군수로 재직하던 1893년에 "가을에 기근이 있었는데 쌀 백 섬을 희사하여 기민을 진휼했다"고 한다. 그가 정의 군수와 제주판관도 지냈는데, 특히 그를 '송대정'으로 부르는 것은 대정군수 시절에 이와 같이 백성들을 구제한 것이 유명해져서라고 추정할 수 있다.

'송대정'은 현기영의 소설『변방에 우짖는 새』에도 제주 성안의 갑부로 등장하고 있다. 1901년 이재수난을 배경으로 한 소설에 등장하고 있는데, 이 시기는 신화 속 배경으로 볼 때 비교적 가까운 시기에 해당한다. 그래서 현용준은 칠성본풀이가 가장 가까운 시기에 형성된 신화로 보고 있기도 하다. 달리 표현하면 '칠성신'은 제주에서 다른 신들에 비해 뒤늦게 신으로 대접받게 되었다고 할 수 있다.

이러한 면은 신화에서도 드러나고 있다. 칠성아기가 제주 바다로 들어왔으나 가는 곳마다 기존 신들이 좌정하고 있어 자리잡지 못하고 여기 저기 헤매는 내용이 나오는 것이다. 신화 속에 나타난 각 지역의 신들에 대하여 다시 한 번 눈여겨보자.

무쇠석갑은 강남목골로 해서 동해 바다에 띄워졌다. 밀물에
도 홍당망당, 썰물에도 홍당망당 흘러다니다가 제주 물마루를
넘어왔다. 산지포구로 해서 성안으로 들어오려 하니 칠머리당
의 당신인 세변도원수가 자리를 내주지 않았다. 하는 수 없이
동쪽으로 돌아 화북으로 들어가려 하니 화북의 가릿당 당신이
들어오지 못하게 했다.

다시 동쪽으로 돌아서 가물개(삼양 1리)로 들어가려 하니 그
마을 당신인 시월도병서가 가로막고, 설개(삼양 2리)로 들어서
려 하니 개로육서또가 가로막았다.

다시 동쪽으로 돌아 신촌으로 들어가려 하니 이 마을의 큰
물머리당의 당신이 워낙 세서 들어갈 수 없었다. 그리고 조
천으로 들어가려 하니 새콧알고당할망이 세서 들어갈 수 없
었다. 다시 동쪽으로 나아가니 신흥의 볼래낭알 박씨할망이 좌
정하고 있어 못 들어가고, 한 걸음 더 나아가 함덕으로 들어갈
까 하니 사례물거리 당신이 세서 못 들어갔다. 북촌으로 들
어가려 하니 해신이 좌정하고 있어 못 들어가고, 동복으로 들
어가려 하니 고첨지영감이 세서 들어갈 수 없었다. 김녕으로
들어가려 하니 안성세기, 밧성세기 당신들이 막아서 들어가지
못했다.

한 걸음 더 동쪽으로 나아가기로 하여 세화리로 들어가려

해보니 천자님, 백주님, 금상님이 어찌나 센지 들어갈 엄두를 낼 수 없었다. 이젠 밀물을 타서 되돌아올 수밖에 없다 하고 서쪽으로 머리를 돌렸다. 함덕리 서우봉 밑에 이르고 보니 그래도 제일 올라갈 만하였다. 무쇠석갑은 서우봉 썩은개로 올라갔다.

여기에 등장하는 마을의 수호신들이 좌정한 신당들은 실제로 존재하고 있고 마을 사람들이 제를 올리거나 당굿을 하는 곳들이다. 제주에는 점차 사람들이 다니지 않아 폐당되고 있는 곳들도 많은데 이러한 신화의 내용은 마을에서 모셨던 신들과 당에 대한 역사 기록으로서도 가치가 높다고 생각한다.

위 내용에서 또 하나 알 수 있는 것은 칠성신앙이 뒤늦게 제주에 들어왔다는 점이다. 그리고 뱀신인 칠성이 신으로 대접받기까지는 기득권을 가지고 있는 기존의 신들 사이에서 우여곡절이 많았음도 짐작할 수 있다.

칠성신들은 성안으로 들어와 송대정 집안의 수호신이 되어 대접을 받게 되었는데, 송대정 집안이 있던 골목을 '칠성통'이라고 하여 지금까지 실제 지명으로 사용되고 있다. 이 외에도 신화에 등장하는 지명들 대부분 아직도 사용되고 있는데 그 유래가 재미있다.

신화에 소개된 지명을 소리내어 읽어보면 정감이 넘치고 친근하게 느껴진다. 뱀들이 벤질벤질한 물에서 목욕했다 하여 지어진 '베릿내', 뱀들이 언덕을 오르는데 ㄱ읏ㄱ읏 숨이 차다 하여 지어진 'ㄱ으니ㅁ를', 칠성들이 잘 얻어먹어 배가 부르니 등짓딱배짓딱 하며 놀았다고 '배부른 동산' 이야기를 품고 있는 지명은 우리에게 그곳을 상상하게 하는 즐거움을 선물하고 있다.

풍요의 신 칠성

칠성은 풍요의 신으로 이 뱀신을 잘 모시면 재물이 들어와 부자가 된다고 한다. 그래서 제주에 도착한 칠성신들을 맞아들여 큰굿을 한 송첨지 영감과 일곱 잠수는 동서로 재물이 들어와 삽시간에 부자가 되었다. 그리고 서우봉에 뱀신을 모시는 칠성당을 만들고 정성으로 위했더니 함덕 마을도 역시 삽시간에 부촌이 되었다는 것이다. 여담 한 가지 덧붙인다면, 함덕은 지금도 마을 재산이 엄청나서 함덕리의 이장이 되는 게 평생 꿈이라고 하는 사람도 있다고 한다.

칠성은 자신을 조상으로 잘 모신 성안의 송대정 집안도 부자가 되도록 해주었다. 그리고 송대정 집에서 대접을 받던 칠성아

칠성통은 한때 제주 상권의 중심지였다

기와 일곱 딸들은 계속 이렇게 대접만 받으면서 살 수 없다고
생각하여 각기 할 일을 찾아 좌정하기로 한다. 첫째 딸은 추수
물을 차지하여 추수할망으로 들어서고, 둘째 딸아기는 이방, 형
방을 차지하기로 한다. 셋째 딸아기는 죄인을 가두는 옥을 차지
하고, 넷째 딸아기는 동과원 서과원 과수원을 차지하여 들어선
다. 그리고 다섯째는 동창고 서창고를 지키는 창고지기로 들어
서고, 여섯째는 광청못을 지키는 광청할망으로 들어섰다.

제주 성안은 칠성통 옆에 관덕정을 비롯하여 목사가 거주하
는 관아 등 관청이 들어선 중심지이다. 그리하여 칠성들은 관청

칠성통 바로 옆에 있는 목관아

과 관련된 일들을 주로 하고 있다. 이방과 형방을 차지하고 감옥을 지키는 옥지기로 좌정하고 있는 것이다.

마지막으로 일곱째 딸은 어디로 가겠느냐는 어머니의 물음에 "어머님아, 저는 집 후원의 귤나무 밑에 주젱이 덮고 그 밑에 청기와 흑기와 속으로 억대부군 칠성이 되어 들어가서 구시월이 되든 귤을 진상받겠다"고 한다. 그래서 일곱째 딸을 집 밖에 좌정했다 하여 '밧칠성'이라 한다.

어머니 칠성아기는 곡식을 보관하는 고팡으로 들어서 큰 항아리, 작은 항아리, 큰 뒤주 작은 뒤주를 지키겠다고 했다. 곡물

창고를 지키는 신으로 좌정하고 있는 것이다. 제주의 가옥 구조를 보면 보통 고팡은 집 안에 있는 안방 뒤에 위치하고 있다. 그래서 칠성아기를 안칠성이라고 한다.

제주도에서는 농사가 잘 되게 해서 부(富)를 일으켜주는 뱀신인 안칠성과 울타리 안의 재물을 지키는 밧칠성에 대한 신앙이 성행했다고 기록하고 있다. 보통 제사나 명절 때에 제물을 거기에 차려 올리기도 하고, 굿을 할 때 칠성본풀이를 노래하며 이 신을 대접했다.

뱀과 관련된 병을 치료하는 칠성새남굿

어렸을 때 뱀을 함부로 죽이거나 누가 죽이는 것을 봐서는 안 된다고 하는 말을 많이 들었다. 그래서 길을 가다가 죽은 뱀을 보면 얼른 고개를 돌리고 손을 뒤로 감추고는 했다. 뱀을 죽이는 장면을 보면 눈이 멀고, 만지면 손이 썩는다는 말을 들었기 때문이다. 칠성을 잘 모시면 부자가 되게 해주지만 잘 모시지 않으면 재앙을 내린다는 신앙과 관련한 이야기라 할 수 있다.

뱀의 저주를 받아 병이 생겼을 때 이를 치료하기 위하여 '칠성새남굿'을 했다. 직접 뱀을 죽였거나 다른 사람이 죽인 뱀을 보아서 그 죄를 뒤집어쓴 경우에 병이 난다고 한다. 이런 경우에 그 환자는 어떤 증세를 보일까? 궁금했는데 마침 이에 대한 기록이 있었다. 그 증상은 "뱀과 같이 혀를 날름거리고, 피부가 뱀 비늘처럼 기미가 지고, 뱀이 맞은 부위에 해당하는 몸에 통증이 생기는"것이라 한다.

'칠성새남굿'에서 환자의 병을 치료하기 위하여 '허멩이 놀림'이라는 놀이가 펼쳐진다고 한다. 이에 대하여 문무병의 『제주도 본향당 신앙과 본풀이』에 자세히 소개되어 있다.

'허멩이 놀림'은 환자가 다른 이가 뱀을 죽인 것을 보고 그 죄를 뒤집어써서 병에 걸렸다고 상정한다. 그래서 뱀을 죽인 자를 찾아 죄를 묻고 그 결과 환자가 무죄임을 밝히는 것이다. 동시에 죽은 뱀을 다시 살려내는 행위를 연출한다.

뱀을 죽인 범인은 바로 '허멩이'이다. 허멩이는 양반 행세를 하며 장안에 판치고 돌아다니는 한량으로 나온다. 하지만 사실 알고 보면 허멩이는 하늘을 보고 땅을 못 보는 교만한 악신으로 집집이 화재를 일으키며 재앙을 준다.

굿놀이에서는 인형으로 허멩이를 만들어서 소미가 들고 나온다. 재판관의 역할을 하는 심방이 허멩이를 엎드리게 하고 곤장을 치면서 자백을 받아낸다. 결국 죄인임이 밝혀진 허멩이를 가다귀섬으로 귀양 보내버리고 죽은 뱀을 환생시킨다고 한다.

허멩이 역할을 하는 인형

이렇게 뱀을 환생시켜 다시 좌정시키고 잘 모시면 신의 노여움
이 풀려 환자의 병이 낫는다고 보는 것이다.

성님 성님 수춘 성님

형님 형님 사촌 형님

시집살이 어떱디가

시집살이 어떻습니까

아이고 애야 말도 마라

아이고 애야 말도 하지 마라

씨아방은 구젱기 넋이여

시아버지는 소라의 넋(혼)이여

나를 보민 세돌각허곡

나를 보면 쩟쩟 혀를 차고

씨어멍은 암톡의 넋이여

시어머니는 암탉의 넋이여

나를 보민 모지직 흔다

나를 보면 매몰스럽게 한다

씨누인 종조리 넋이여

시누이는 종달새 넋이여

나를 보민 오조조오조조

나를 보면 오조조오조조 짖어대고

서방님은 장둙의 넋이여

서방님은 수탉의 넋이여

나를 보민 후리젠 허난

나를 보면 내리치려 하니

살젠 허여도 못살키여

살려고 해도 못 살겠다

성님 성님 기영허여도

형님 형님 그렇게 해도

또 한 번만 살아봅서.

또 한 번만 살아보세요.

성님 : 형님
구젱기 : 소라
모지직 흔다 : 매몰차게 군다

종조리 : 종달새
후리젠 : 내리치려고
기영허여도 : 그렇게 해도

친정식구들에게 시집살이의 고달픔을 하소연하고 있다. 시아버지는 툭툭 혀를 차며 잔소리하는 모습을 구젱기(소라)로, 시어머니는 매몰스럽게 몰아세우는 암 탉으로, 시누이는 종알종알 고자질하는 종조리(종달새)로, 남편은 거칠게 달려드는 수탉으로 생동감 넘치게 묘사하고 있다.

5장

탐라국을 세운
삼신인

삼성신화는 '고, 양, 부' 삼성의 시조신화이면서 탐라왕국의 건국신화
이다. '탐라'는 소리글자로 '섬나라'를 의미하는 말이라고 한다. '탐라'
라는 명칭에는 '하나의 국가'라는 의미가 담겨 있는 것이다. 삼성신화
는 수렵사회에서 농경정착사회로 변화 발전하는 과정을 보여주고 있
으며, 씨족사회에서 세 부족이 연합하여 탐라왕국을 건립하는 역사를
이야기하고 있다.

탐라건국신화 1

『고려사지리지』, 단종2년

　탐라현은 전라도 남쪽 바다에 있다. 고기(古記)에 이르기를, 태초에 사람이 없더니 세 신인이 땅에서 솟아났다. 한라산 북녘 기슭에 구멍이 있어 모흥혈이라 하니, 이곳이 그것이다. 맏이를 양을나(良乙那)라 하고, 다음을 고을나(高乙那)라 하고, 셋째를 부을나(夫乙那)라 했다. 세 신인(神人)은 황량한 들판에서 사냥을 하여 가죽옷을 입고 고기를 먹으며 살았다.

　하루는 자줏빛 흙으로 봉해진 나무함이 동쪽 바닷가에 떠밀려오는 것을 보고 나아가 이를 열었더니, 그 안에는 돌함이 있고, 붉은 띠를 두르고 자줏빛 옷을 입은 사자가 따라와 있었다.

　돌함을 여니 푸른 옷을 입은 처녀 세 사람과 송아지, 망아지,

그리고 오곡의 씨가 있었다. 이에 사자가 나서서 말했다.

"나는 일본국 사자입니다. 우리 임금께서 세 따님을 낳으시고 이르시되, 서쪽 바다에 있는 산에 신자(神子) 세 사람이 탄강하시고 나라를 열고자 하나 배필이 없으시다 하시며 신에게 명하시어 세 따님을 모시도록 하므로 왔사오니, 마땅히 배필을 삼아서 대업을 이루소서."

말을 마친 사자는 홀연히 구름을 타고 가버렸다.

세 사람은 나이 차례에 따라 나누어 장가들고, 물이 좋고 땅이 기름진 곳으로 나아가 활을 쏘아 거처할 땅을 점치니, 양을나가 거처할 곳을 제1도라 하고, 고을나가 거처할 곳을 제2도라 했으며, 부을나가 거처할 곳을 제3도라 했다.

비로소 오곡의 씨앗을 뿌리고 소와 말을 기르니 날로 살림이 풍부해졌다.

탐라건국신화 2

『영주지』, 고득종, 세종32년

영주에는 태초에 사람이 없었다. 혼연히 세 신인(神人)이 땅에서 솟아나니, 한라산 북녘 기슭에 있는 모흥혈에서 솟아난 것이다. 맏이를 고을나, 다음을 양을나, 셋째를 부을나라고 했다. 그들의 용모는 장대하고 도량은 넓어서 인간세상에는 없는 모습이었다. 그들은 가죽옷을 입고 육식을 하면서 항상 사냥을 일삼아 가업을 이루지 못했다.

하루는 한라산에 올라 바라보니 자줏빛 흙으로 봉한 나무함이 동해 쪽으로 떠와서 머물러 떠나지 않았다. 세 사람이 내려가 이를 열어보니, 그 속에는 새알 모양의 옥함이 있고 자줏빛 옷에 관대를 맨 사자가 따라와 있었다.

　그 옥함을 열어보니 푸른 옷을 입은 처녀 세 사람이 있었는
데, 모두 나이가 십오 십육 세요, 용모가 속되지 않아 아리따움
이 보통이 아니었고, 각각이 아름답게 장식하여 같이 앉아 있었
다. 또 망아지와 송아지, 오곡의 씨를 가지고 왔는데, 이를 금당
의 바닷가에 내려놓았다.

　세 신인은 즐거워하며 말하기를, "이는 반드시 하늘이 우리
세 사람에게 주신 것이다"고 했다. 사자는 절을 하고 엎드리며

말했다.

"나는 동해 벽랑국의 사자입니다. 우리 임금께서 이 세 공주를 낳으시고, 나이가 다 성숙해도 그 배우자를 얻지 못하여 항상 탄식하며 해를 넘기고 있었습니다. 그러는 가운데 근자에 우리 임금께서 서쪽 바다를 바라보시다가 자줏빛 기운이 하늘에서 내려 상서롭게 서려 있는 것을 보았습니다. 세 신인이 솟아나와 장차 나라를 열고자 하나 배필이 없으시다 하시면서 신께 명하여 세 공주를 모셔가라 하셨습니다. 그러니 마땅히 혼례를 올리시고 대업을 이루십시오."

말을 마친 사자는 홀연히 구름을 타고 어디론지 사라져버렸다.

세 신인은 곧 목욕재계하여 하늘에 고하고, 나이 차례로 나누어 결혼하여 물 좋고 기름진 땅으로 나아가 활을 쏘아 거처할 땅을 정하였다. 고을나가 거처할 곳을 제1도라 하고, 양을나가 거처할 곳을 제2도라 하고, 부을나가 거처하는 곳을 제3도라 했다. 이로부터 산업을 일으키기 시작하여 오곡의 씨를 뿌리고 송아지 망아지를 치니 날로 살림이 부유해져서 드디어 인간의 세계를 이룩해놓았다.

그 이후 구백 년이 지난 뒤에 인심이 모두 고씨에게로 돌아갔으므로 고씨를 왕으로 삼아 국호를 탁라(乇羅)라 했다.

신화, 펼치기

삼신인 탐라왕국을 열다

삼성신화는 제주 고(高)씨와 양(梁)씨, 부(夫)씨의 시조신화이
자 탐라왕국의 건국신화이다. 세 신인이 땅에서 솟아나왔다는
세 개의 구멍을 '삼성혈'이라고 하는데, 삼성혈 유적지는 국가
지정문화재 사적 제134호로 지정되어 있다. 그리고 조선시대
1526년(중종 21년)부터 시작된 유교 제례는 지금까지 이어지고
있다. 봄과 가을에는 후손들이 봉향하고, 12월 10일에는 제주도
민제로 봉향하고 있다.

삼성혈에서 유교제례가 실시되기 전에는 아마도 당굿이 해

세 신인이 솟아나온 삼성혈

마다 열리지 않았을까 추정하고 있다. 무속신앙은 이 땅에 사람이 살기 시작하면서 함께 형성된 전통신앙이다. 모흥혈에서 솟아난 세 신인을 유교가 들어오기 전부터 신으로 모시고 있었고, 삼성신화 외에도 광양 땅과 관련된 신들의 이야기가 전해지고 있기 때문이다.

　삼성혈은 제주시 이도동에 위치해 있는데, 이곳은 우리가 '광양'이라고 부르는 지역으로 도심 중의 도심이다. 이 '광양 땅'은 세 신인이 솟아나온 곳이자 차사본풀이신화에도 등장하는 지명이다. 하여튼 이곳은 크고 작은 건물들이 밀집해 있고 하루

삼성혈 유적지의 깊고 그윽한 숲

종일 자동차들이 줄을 잇는 번잡한 지역에 해당한다.

이러한 곳에 위치한 삼성혈은 깊고 그윽한 숲에 둘러싸여 있어 안으로 들어서는 순간 잠시 우리에게 도시의 소음을 잊게 해 준다. 건국신화 유적지답게 신성한 분위기를 간직해오고 있으며, 오랜 세월의 무게를 지탱하고 있는 나무들은 우리를 신화의 세계로 안내해주고 있다.

앞에 소개한 '탐라건국신화 1'은 『고려사지리지』(조선 단종 2년)에 수록된 내용으로 『무속신화와 문헌신화』에 실린 내용을 재인용한 것이다. 그리고 '탐라건국신화 2'는 고씨 집안의 족보라고 하는 『영주지』에 실린 내용이다. 같은 삼성신화를 굳이 두 개 소개한 것은 두 신화를 비교해보면 조금씩 다른 내용들이 있어서 한 번 짚어볼 필요가 있어서이다.

'탐라건국신화 1'에서는 세 신인(神人)을 소개할 때, 맏이를 '양을나'라 하고, 다음을 '고을나', 셋째를 '부을나'라고 얘기하고 있다. 그에 비하여 '탐라건국신화 2'는 맏이가 '고을나'이고, 다음은 '양을나', 그리고 셋째를 '부을나'라고 얘기한다. 『영주지』가 고씨 집안의 족보라고 하니 『영주지』에 실린 '탐라건국신화 2'에서 고씨를 맏이라고 앞에 내세웠을 것이다.

양씨 집안과 고씨 집안에서 서로 맏이가 자신들의 조상이라고 내세운다는 기록이 조선시대부터 보인다고 한다. 그런데 현재 대부분의 사람들은 '고량부'라고 자연스럽게 말하고 듣는다. 이렇게 '고량부'라는 말이 굳어진 것은 두 가문의 세력 양상을 반영하는 것이 아닐까 생각해본다. 탐라국에 대한 역사 기록은 많지 않지만 그나마 남아 있는 기록에서 고씨 성을 가진 인물들이 많이 드러나고 있기 때문이다.

조선시대 제주에 부임해온 이형상 목사의 책 『남환박물』은 제주의 인물들을 따로 소개하고 있다. 이른바 유명인사를 소개한 것이다. 여기에 소개하고 있는 인물은 신라시대 '고후, 고청'

이 있고, 고려시대에는 국빈으로 벼슬길에 들어서서 과거에 급제했다고 하는 '고유, 고조기'가 있다. 그리고 조선시대에는 '고득종, 고태필, 고태정'이 과거에 나아가 높은 관직에 이르렀다고 하고 있다. 적어도 이 기록만 놓고 본다면 '고씨'들이 제주에서 주류를 이루고 있던 것이 아닐까 하는 생각이 든다.

그런데 성씨가 정착된 것은 고려말이라고 한다. 이영권은 『새로 쓰는 제주사』에서 이에 대하여 "삼성신화는 고려말엽부터 문자로 정착된 것이며 고·양·부의 3성씨도 그 과정에서 새롭게 만들어진 것이라 말할 수 있다"고 얘기한다. 그리고 '고, 양, 부'의 차례가 수직적인 서열을 의미하는 것이 아니라 평화적으로 연합하여 세력을 형성했던 관계를 나타낸다는 것이다. 그러니 누가 맏이냐를 따지는 것은 의미가 없다는 말이다.

또한 그는 '을나'가 '왕' 또는 '우두머리'의 의미를 가지고 있다고 말한다. '고, 양, 부'의 세 씨족이 세력을 형성하고 연합하여 부족국가를 세웠다고 한다면, '고을나, 양을나, 부을나'는 세 부족의 우두머리를 나타내는 말이다. 그래서 삼성신화는 세 성씨의 시조신화이면서 동시에 탐라국의 건국신화인 것이다.

소개한 두 신화를 보면 세 신인과 혼인한 세 명의 공주들이 어디에서 왔는가 하는 점이 또 다르다. '탐라건국신화 1'에서는 세 신인과 결혼한 공주들이 일본국에서 왔다고 기록하고 있는데, '탐라건국신화 2'에서는 세 공주가 벽랑국에서 왔다고 기록하고 있다.

신화가 형성된 시기에는 '일본국'이라는 명칭이 없었으니 '일본국'은 후대에 와서 기록하는 과정에서 첨가된 것이 아닌가 보고 있다. 세 공주를 보냈다는 일본은 현재 존재하는 나라인 '일본'이라고 볼 필요가 없다는 말이다. 그에 비해 벽랑국은 실재 존재하는 나라가 아니라 바다 멀리 있는 상상의 나라이다. 세 공주가 바다 멀리서 왔다고 하는 상징적 의미를 나타내기 위하여 벽랑국이라 하는 것이다. 요즘은 세 공주가 벽랑국에서 왔다고 하는 것으로 통일되고 있는 추세이다. 일본에서 왔다고 하는 것보다 덜 부담스럽고 신화적 상상과 잘 어울리기 때문이다.

두 신화는 표현 면에서도 차이를 보이고 있다. 크게 두드러진 차이는 아니지만 하나하나 뜯어보면 '탐라건국신화 2'가 장면장면을 좀 더 구체적으로 묘사하고 있음을 알 수 있다. '탐라건국신화 1'인 경우 인물묘사가 없는데 비해 '탐라건국신화 2'인 경우에는 인물 묘사가 자세하다. 세 신인의 외모를 "용모는 장대하고 도량은 넓어서 인간세상에는 없는 모습이었다"라고 하면서 외모에서부터 신성한 분위기를 풍기고 있음을 드러내고 있다.

그리고 벽랑국에서 왔다는 세 공주 역시 "용모가 속되지 않아 보통이 아니었고, 각각이 아름답게 장식하여 앉아 있다"고 하면서 구체적으로 인물을 묘사하고 있다. '탐라건국신화 1'은 보다 원형에 가깝고, '탐라건국신화 2'는 아마도 후대에 기록하면서 보다 자세하고 세련되게 정리한 것이 아닐까 생각해본다.

'탐라건국신화 1'은 각 마을에 남아 있는 신당의 '당본풀이'와 비슷한 이야기 구조와 표현 정도를 보이고 있다. 이는 삼성신화가 마을의 역사를 담고 있는 당신화와 무관하지 않음을 알려주는 것이다. 당신화, 즉 당본풀이와 삼성신화를 비교해보는 것도 흥미로운 일이다.

당본풀이와 유사한 삼성신화

삼성신화는 어려서부터 많이 들었던 이야기이고, 삼성혈은 제주에서 많지 않은 유적지 중 하나로 자주 갔었던 곳이기도 하다. 그런데 나중에 제주의 각 마을에 전해지고 있는 '당본풀이'를 접하면서 삼성신화와 유사한 점이 많다는 것을 느꼈다. 삼성신화가 나라를 건국한 이야기라면 당본풀이는 마을의 형성과 관련된 신화라는 점이 다를 뿐이다.

삼성신화를 당본풀이와 비교했을 때 유사한 화소를 세 가지로 나누어 살펴볼 수 있다. 하나는 세 신인이 땅에서 솟아났다는 것이고, 또 하나는 세 공주가 바다를 건너온 석함에서 나왔다는 것이다. 그리고 세 번째는 세 신인이 화살을 쏘아서 자신들이 거처할 곳을 정했다는 화소이다.

이러한 화소들은 제주도의 마을마다 분포하고 있는 신당의 당본풀이에서 많이 보이고 있는 것들이다. 이러한 유사성에 대하여 현용준은 『무속신화와 문헌신화』에서 자세하게 비교하며 설명하고 있다. 이 책에 소개된 내용을 바탕으로 하나하나 살펴보면서 삼성신화가 제주의 당신화와 어떤 관련이 있는 지 생각해보기로 한다.

세 신인 땅에서 솟아나다

태초에 사람이 없더니 세 신인이 땅에서 솟아났다. 한라산 북녘 기슭에 구멍이 있어 모흥혈이라 하니, 이곳이 그것이다. (⋯⋯) 세 신인(神人)은 황량한 들판에서 사냥을 하여 가죽옷을 입고 고기를 먹으며 살았다.

삼성신화는 세 신인이 땅에서 솟아나서 사냥을 하면서 살았다는 내용으로 시작한다. 이렇게 신이 땅에서 솟아났다는 화소는 당신화에서 자주 등장하는 것이다. 이러한 화소를 가지고 있는 대표적인 신화가 '송당본풀이'이다. 송당본향당신화에 나오는 제주 당신의 아버지 '소천국'인 경우 알손당 고부니ᄆ루에서 솟아난 사냥신이다.

제주신화에 등장하는 땅에서 솟아난 신들은 대부분 한라산에서 솟아난 사냥신들이다. 보통 한라산에서 솟아난 사냥신에게 '하로산또'라는 명칭이 붙는데, 한라산 서쪽 어깨 '소못뒌밧'에서 솟아난 아홉 형제가 그 계보를 이루고 있다.

성산읍 수산리 울뤠ᄆ루하로산, 애월읍 수산리 제석천하로산, 남원읍 하예리 산신백관하로산, 서귀포 호근리 애비국하로산, 중문면 중문리 중문이백관하로산, 중문면 색달리 당동산백관하로산, 안덕면 감산리 고나무상태자하로산, 대정읍 일과리 제석천왕하로산이다. 그 외에도 사계리 큰물당의 큰물당신, 영평 다랏쿳당의 산신백관 산신대왕 등도 한라산에서 솟아났다.

땅에서 솟아난 신들은 대부분 사냥을 해서 먹고사는 사냥신들이다. 삼성신화의 세 신인과 같은 성격을 가지고 있는 것이다. 따라서 삼성신화의 세 신인이 땅에서 솟아났다는 화소는 제주의 많은 곳에서 전승되는 사냥신신화와 같은 유형이라는 것을 알 수 있다. 다만 세화리당의 천자또인 경우도 한라산 백록담에서 솟아났으나 고기를 먹지 않는 신에 해당한다. 아마도 농경문화가 시작되면서 사냥신에서 농경신으로 변모한 경우에 해당하는 것이라 생각한다.

세 공주가 함에 담겨 바다를 건너오다

하루는 자줏빛 흙으로 봉해진 나무함이 동쪽 바닷가에 떠밀려오는 것을 보고 나아가 이를 열었더니, 그 안에는 돌함이 있고, 붉은 띠를 두르고 자줏빛 옷을 입은 사자가 따라와 있었다. 돌함을 여니 푸른 옷을 입은 처녀 세 사람과 송아지, 망아지, 그리고 오곡의 씨가 있었다.

세 신인이 동쪽 바닷가에 떠 온 함 속에서 나온 세 공주와 혼인을 하면서 농사를 짓게 되고 날로 살림이 부유해져 대업을 이루게 되었다고 한다. 이렇게 여인들이 함에 담겨 바다를 건너왔다는 화소는 삼성신화만의 독특한 것이 아니다. 오히려 제주의 당본풀이에서 풍부하게 전승되고 있는 이야기라 할 수 있다.

일반신본풀이에는 대표적으로 칠성본풀이에서 찾을 수 있

다. 이 신화에 나오는 장설룡과 송설룡의 딸이 중의 아이를 임신했다고 돌함에 담겨 버려지는데, 제주 바다를 건너 조천면 함덕리에 도착한다. 그리고 월정 본향당본풀이에 나오는 황정승의 딸도 칠성본풀이와 비슷한 과정을 밟는다. 부모가 뱀으로 변한 딸을 석함에 담아 바다에 띄워 버리는 것이다. 황정승 딸은 제주섬 동쪽 월정리로 와서 이 지역의 본향당신으로 좌정한다.

김녕 궤네깃당본풀이에도 비슷한 내용이 나온다. 소천국과 백주또의 여섯째 아들이 버릇이 없어 함에 담아 바다에 띄워 버리는데, 용왕국으로 간 아들은 용궁의 셋째 공주와 혼인을 한다. 그러나 사위가 워낙 먹는 양이 많아 감당할 수 없게 되자 사위를 딸과 함께 함에 담아 바다에 띄워 버린다. 제주도로 들어온 소천국 아들은 김녕 궤네깃당의 당신이 되었다.

그런데 특이한 것은 제주도 동쪽 지역에 세 자매가 바다 건너 들어와서 좌정하는 이야기가 전해지는데, 삼성신화의 세 공주가 동쪽 바다로 들어온다는 내용과 겹치고 있다. 세 자매가 제주로 들어와 각 지역의 본향당신으로 좌정한 이야기를 읽어 보자.

신산본산국 서울 정기땅에서 세 자매가 태어났다. 세 자매는 십오 세 열다섯이 넘어가자 세상을 유람하고 다니다가 계

온평리 해안가에 있는 연혼포. 세 공주가 도착한 곳이다

온평리에 있는 삼신인과 세 공주가 목욕했다는 혼인지

수나무 배를 타고 제주섬으로 들어왔다. 제주섬을 구경하고 다니던 세 자매는 이곳에 좌정하여 자손들로부터 제(祭)를 받아먹으며 살기로 했다.

큰언니 정중부인은 조천관내를 바라보고는 마음에 맞다 하여 좌정하였고, 셋언니 관세전부인은 김녕리 인심이 좋다 하여 김녕리에 좌정했다. 막내인 명오부인은 신산리 범성굴왓 고장남밧에 와서 좌정하였다. 그 이후 온평리에서 가지갈라다 진동산에 명오부인을 모시게 된다. (문무병, 『신화와 함께하는 제주 당올레』, 알렙)

이렇게 세 여신이 바다를 통해 제주로 들어왔다는 이야기는 삼성신화의 내용과 유사하다. 더욱이 명오부인을 온평리에서 본향당신으로 모시고 있다고 하는데, 온평리에는 삼신인과 세 공주과 목욕했다는 연못인 '혼인지'가 있으며, 이 지역에 세 공주가 담긴 석함이 떠내려왔다는 '연혼포'도 있다. 두 신화가 이렇게 지역적으로 겹치는 부분이 있는 것으로 보아 같은 화소가 당신화와 건국신화로 각각 자리 잡은 것이라 추정할 수 있다.

관세전부인이 좌정한 김녕리 본향당. 거대한 신목 팽나무가 지붕처럼 뒤덮고 있다

세 신인 활을 쏘아 거처할 곳을 정하다

　세 사람은 나이 차례에 따라 나누어 장가들고, 물이 좋고 땅이 기름진 곳으로 나아가 활을 쏘아 거처할 땅을 점치니, 양을나가 거처할 곳을 제1도라 하고, 고을나가 거처할 곳을 제2도라 했으며, 부을나가 거처할 곳을 제3도라 했다.

　세 신인은 혼인을 하고 나서 거주할 곳을 정하기 위하여 각

228

각 활을 쏘았다. 그런데 이렇게 활을 쏘아 신들이 좌정할 곳을 정한다는 이야기는 당신화에도 많이 등장하는 화소이다. 현용준의 『무속신화와 문헌신화』에 소개된 당본풀이 두 개만 예로 들어보자.

옛날 송씨할마님이 소국에서 제주도 한라산으로 귀양을 왔는데, 상귀리의 강씨하르바님이 미인이 왔음을 알고 쫓아갔다. 송씨할마님은 어승생에서 화살 한 대를 놓으니 상귀리 보로미동산에 떨어지므로 여기에 와서 좌정하려 했는데, 날피 냄새가 나서 좋지 않았다. 다시 뒤로 강씨하르바님이 쫓아오므로 또 화살 한 대를 놓으니 지금의 황다리궤 뒷밭의 돌에 맞았다. 그래서 '살맞인돌'이라고 부른다. 송씨할마님은 화살이 떨어진 이 땅에 와서 황다리궤의 만년 팽나무 아래에 좌정하여 상귀리 본향당신이 되었다.

큰형님은 제주시 광양당신이고, 둘째는 정의 서낭당신이고, 막내는 대정 광정당신이다. 세 형제가 땅을 쏘아 차지할 땅을 가르는데, 큰형님이 활을 쏘니 대정·정의 경계에 떨어져 그 경계를 가르고, 둘째 형이 쏜 화살은 모관·정의 경계를 가르고, 막내동생이 쏜 화살은 모관·대정 경계를 갈랐다. 그래서 큰형

송씨할마님이 좌정해 있는 상귀리 황다리궤당

님은 광양당을 차지하고, 둘째형은 서낭당에 좌정하고, 막내
동생은 광정당에 좌정하여 모관(제주읍), 정의, 대정을 각각 차
지하였다.

첫 번째 제시된 신화는 '상귀리 본향당본풀이'이고 두 번째
제시된 신화는 '덕수리 광정당본풀이'이다. 두 신화에 나타난
화살을 쏘아 거처를 마련한다는 화소는 삼성신화와 같은 것임
을 알 수 있다. 이 화소 역시 삼성신화가 당본풀이와 밀접하게
관련되어 있음을 알 수 있게 하는 것이다.

이렇게 삼성신화에 나타나는 화소들은 제주의 각 마을에 전해지는 당본풀이 속 화소들과 매우 유사한 것들이다. 삼성신화는 마을 형성 역사와 관련 있는 당본풀이에서 발전한 것이라고 할 수 있다. 삼성신화는 '고양부' 세 성씨의 조상본풀이면서 탐라국의 건국신화로, 지역을 대표하는 당본풀이의 연장선상에 있는 것이다.

그런데 삼성신화는 글의 양으로 봤을 때 한 장이 넘지 않는 짧은 설화에 속한다. 서너 개 정도의 화소로 이루어진 단순한 이야기인 것이다. 그에 비해 당신화인 송당본풀이나 토산본풀이 등은 내용이 매우 풍부하고 사건 전개가 흥미로운 것이 소설 못지않다. 삼성신화가 역사로 기록되면서 닫힌 이야기 구조가 된 것에 비해 당신화는 입에서 입으로 전해지면서 갈수록 내용이 풍부해졌다고 볼 수 있다.

마을의 당굿이 더 이상 행해지지 않는 경우 당본풀이는 사라지고 이름만 남아 있는 경우가 많다. 그에 비해 송당처럼 해마다 당굿이 행해지는 마을의 경우에는 심방들이 본풀이를 노래하면서 계속해서 이야기가 첨삭되고 있을 것이다. 이러한 열린 구조가 당본풀이를 풍부하게 전승하도록 해주고 있는 것이다.

농경문화의 유입과 탐라왕국의 건설

세 신인은 바다를 건너온 세 공주와 혼인하면서 살아가는 방법이 획기적으로 바뀌게 된다. 사회의 생산수단이 변화하게 되는 것이다. 세 신인은 그전까지 한라산에서 사냥을 하면서 살고 있었다. 그런데 세 공주와 혼인하면서 공주들이 가지고 온 오곡의 씨앗과 송아지, 망아지로 농사를 짓게 되었고 날로 살림이 풍족하게 되었다.

혼인은 두 문화의 결합이고, 또한 새로운 문화의 유입이라 할 수 있다. 수렵사회에 농경문화가 유입되면서 제주는 농경사회로 변화 발전하게 되는데, 농경사회는 부의 축적을 가능하게 한다. 그리하여 농경사회로의 진입은 씨족사회가 점차 부족국가로 나아가는 결정적인 계기가 되었다.

삼성신화는 수렵사회에서 농경 정착사회로 변화 발전하는 과정을 보여주고 있으며, 씨족사회에서 세 부족이 연합하여 탐라왕국을 건립하는 역사를 이야기하고 있다. 세 신인이 화살을 쏘아 살 곳을 정했다는 '제1도, 제2도, 제3도'는 현재도 '일도동, 이도동, 삼도동'으로 사용하고 있는 주소명이다.

탐라국은 언제까지 이어졌을까

이영권의 『새로 쓰는 제주사』에 따르면, 탐라국에 대한 기록은 많지 않다고 한다. 『삼국사기』 백제본기 문주왕 2년(476년) 기사에, "탐라국이 토산물을 바치니 왕이 기뻐하여 사자에게 은솔(恩率)이라는 벼슬을 주었다"라는 기록이 나오는데, 이것이 바로 탐라국에 대한 첫 기록이라고 한다. 그래서 탐라국의 실체는 발굴되는 유물을 통하여 짐작하고 있다고 한다.

용담동 무덤 유적에서 철제 장검 2자루가 출토되고 고인돌이 발견되었으며, 1996년에 삼양동에서 236기의 집자리 등 선사유적지가 발굴되었다. 이 삼양동 유적은 탐라국 형성 초기인 기원 전 300년에서 기원 후 150년 무렵의 것으로 보고 있다. 그래서 탐라국은 대략 기원 전·후에 철기문화를 바탕으로 형성된 소국이었다고 추정하고 있다.

탐라가 건국된 후의 역사 기록은 거의 없지만, 탐라국이 주변 국가와 교역을 했음을 알려 주는 유물이 있다. 1928년 제주 산지항 축조공사 때, 기원 후 1세기 중국 화폐인 '오수전'과 '대천오십' 등이 발견되었다고 한다. 이 유물을 근거로 탐라국은 중국 등과도 활발하게 교역했다고 추정하고 있다.

삼양동 선사유적지에 전시된 집자리

　그러면 탐라국은 언제까지 존재했을까? 탐라국은 고려시대
에도 존재하고 있었으나 정확한 멸망 시기는 기록되어 있지 않
아 여러 다른 기록들로 추정하고 있다. 고려가 건국되고 얼마
지나지 않은 고려 태조 21년(938년), "탐라국 태자 말로가 와서
알현하니 성주와 왕자에게 작을 내려주었다"라는 기사가 있다.
이 기사에 근거하여 938년을 멸망 시기로 본다고 한다.

　『고려사』 숙종 10년(1105년)에 "고려가 탁라(乇羅)를 고쳐 탐
라군(耽羅郡)으로 만들었다"는 기록이 있어 이를 근거로 고려

중엽인 1105년으로 보는 견해도 있다고 한다. 그리고 중앙에서 지방관이 파견된 것은 고려 의종 7년(1153년)에 이르러서이다. 그리고 탐라에서 제주로 이름이 바뀐 것은 고종 10년인 1223년으로 추정하고 있다.

'탐라'는 소리글자로 '섬나라'를 의미하는 말이라고 한다. '탐라'라는 명칭에는 '하나의 국가'라는 의미가 담겨 있는 것이다. 그런데 탐라라는 명칭 대신 '제주'라는 용어를 사용한다는 것은 탐라가 한 지방으로 급이 낮아졌다는 것을 나타낸다. '濟州'라는 용어도 '건너다'라는 의미와 '고을'이라는 의미가 결합된 것이다. 이 용어 속에 '바다 건너 먼 지역에 있는 지방'이라는 의미가 담겨 있다. 이리하여 탐라가 고려의 한 지방으로 완전히 편입된 것이다.

조밭밟기

　　　　강덕환

동녁이 벌겅헌 게
오늘은 뱁도 과랑과랑 험직허다
재게 일어낭
인칙생이 밭디 글라
아방이랑 아이덜 데리곡
쟁기 정 먼저 강 이시커매
어멍이랑 점심 가정 천천히 오라

오늘은 부종허는 날

동담 어염에서 섯담 어염까지
웃담에서 알녁담까지
조근조근 볿으라
작산 것이 간새허민
두린 것도 간새헌다
요놈의 몽생이도
조롬에 보짝 쫗으라
멀어져 가민 실퍼진다
허려려려 허려려려
허려뭐시께라

　　　　　　　- 이하 생략 -

벌겅헌 게 : 붉은 것이
뱁도 과랑과랑 험직허다 : 볕이 과랑과랑(강하게 내리쬐는 모양) 할 것 같다
재게 일어낭 : 빨리 일어나서
인칙생이 밭디 글라 : 일찍 밭에 가자
쟁기 정 먼저 강 이시커매 : 쟁기 등에 져서 먼저 가 있을 테니까
부종 : 씨앗을 파종하는 일
동담 어염에서 섯담 어염까지 : 동쪽 밭담 근처(구석)에서 서쪽 밭담 근처(구석)까지
조근조근 볿으라 : 차근차근 밟아라
작산 것이 간새허민 : 덩치 큰 녀석이 게으름 피우면
두린 것도 간새헌다 : 어린 것도 게으름 피운다
조롬에 보짝 쫗으라 : 꽁무니에 바짝 붙으라
허려려려 허려뭐시께라 : 몽생이를 부리는 후렴구이다

참고문헌

강영봉, 『말하는 제주어』, 한그루, 2017.

고광민, 『제주 생활사』, 한그루, 2016.

김순이, 『제주신화』, 여름언덕, 2016.

김정숙, 『자청비·가믄장아기·백주또』, 도서출판 각, 2002.

문무병, 『제주도 본향당 신앙과 본풀이』, 민속원, 2008.

문무병, 『설문대할망의 손가락』, 알렙, 2017.

문무병, 『두 하늘 이야기』, 알렙, 2017.

여연, 문무병, 『신화와 함께하는 제주 당올레』, 알렙, 2017.

여연, 『제주의 파랑새』, 도서출판 각, 2016.

이수자, 『제주여성 전승문화』, 제주도, 2004.

이영권, 『새로 쓰는 제주사』, 휴머니스트, 2005.

이형상, 『남환박물』, 푸른역사, 2009.

장주근, 『제주도 무속과 서사무가』, 도서출판 역락, 2001.

현용준, 『무속신화와 문헌신화』, 집문당, 1992.

현용준, 『제주도무속자료사전』, 도서출판 각, 2007.

현용준, 『제주도 신화』, 서문당, 1996.

현용준, 『제주도 사람들의 삶』, 민속원, 2009.

현용준, 『제주도 신화의 수수께끼』, 집문당, 2005.

도판출처

김일영 ⓒ 228쪽.

여연 ⓒ 51쪽, 140쪽, 142~143쪽, 170~171쪽, 200~201쪽,
216~217쪽, 226쪽, 230쪽, 234쪽.

제주전통문화연구소 ⓒ 204쪽, 230쪽.

조근조근 제주신화 3

초판 1쇄 2018년 10월 22일
지은이 여연 | **편집** 북지육림 | **제작** 제이오
펴낸곳 지노 | **펴낸이** 조소진 | **출판신고** 제2018-000065호
주소 경기도 고양시 일산서구 고양대로 618 601호
전화 070-4156-7770 | **팩스** 031-629-6577 | **이메일** jinopress@gmail.com

ⓒ 여연, 2018
ISBN 979-11-964735-3-2 (04380)
       979-11-964735-4-9 (세트)

이 도서의 국립중앙도서관 출판예정도서목록(CIP)은 서지정보유통지원시스템 홈페이지
(http://seoji.nl.go.kr)와 국가자료공동목록시스템(http://www.nl.go.kr/kolisnet)에서
이용하실 수 있습니다. (CIP제어번호: CIP2018029547)

이 도서는 한국출판문화산업진흥원의 출판콘텐츠 창작 자금 지원 사업의 일환으로
국민체육진흥기금을 지원받아 제작되었습니다.